# Representações sociais e imaginário coletivo na Contabilidade: um estudo empírico

Guadalupe Machado Dias

Representações sociais e imaginário coletivo na Contabilidade

# Representações sociais e imaginário coletivo na Contabilidade: um estudo empírico

Guadalupe Machado Dias

Série FACE-FUMEC

Belo Horizonte - 2003

Editora C/ARTE

Autora:
GUADALUPE MACHADO DIAS

Editor:
FERNANDO PEDRO DA SILVA

Conselho editorial:
ANTÔNIO EUGÊNIO DE SALLES COELHO
DIMAS DE MELO BRAZ
ELIANA REGINA DE FREITAS DUTRA
LÍGIA MARIA LEITE PEREIRA
LUCIA GOUVÊA PIMENTEL
MARIA AUXILIADORA DE FARIA
MARÍLIA ANDRÉS RIBEIRO
MARÍLIA NOVAIS DA MATA MACHADO
OTÁVIO SOARES DULCI
REGINA HELENA ALVES DA SILVA

Revisão:
ROBERTO ARREGUY MAIA

Projeto gráfico e capa:
DANIELA MARQUES
CHRISTIANE NETTO

Capa:
DANIELA MARQUES

Todos os direitos reservados. Proibida a reprodução, armazenamento ou transmissão de partes deste livro, através de quaisquer meios, sem prévia autorização por escrito.

Direitos exclusivos desta edição:

**Editora C/ Arte**
Av. Guarapari, 464
Cep 31560-300 - Belo Horizonte - MG
Pabx: (31) 3491-2001
com.arte@comartevirtual.com.br
www.comarte.com

---

Dias, Guadalupe Machado
  Representações sociais e imaginário coletivo na Contabilidade : um estudo empírico / Guadalupe Machado Dias. -- Belo Horizonte : FUMEC-FACE, C/ Arte, 2003.
  184p. : 7il. - (Série FACE-FUMEC)

  ISBN : 85-87073-89-3

  1. Contabilidade - Pesquisa  2. Imaginário (Psicologia) 3. Representação mental I. Título II. Série

  CDD: 657.072

---

*Aos meus pais, Antônio e Marilha, pelo exemplo de força e dignidade.
Aos meus queridos irmãos e sobrinhos, que muito me têm alegrado. Ao meu amigo Anderson Seidel Corrêa, que me fez acreditar ser possível.
Não bastando, realiza meus sonhos que sequer chego a sonhar.*

# Agradecimentos

*Agradeço a Deus por ter-me concedido e permitido completar mais esta etapa na jornada da vida. E em meu caminho ter colocado tantas pessoas que me ajudaram, me apoiaram e contribuíram para que tudo isso fosse possível.*

Agradeço aos diretores da Faculdade de Ciências Econômicas, Administrativas e Contábeis da Fundação Mineira de Educação e Cultura, Prof. Antônio Eugênio Salles Coelho, Profª Mestre Maria Conceição Rocha, a quem dedico um carinho especial não só pela postura acadêmica, profissional, mas como solidária e amiga que foi em momentos tão difíceis; e ao Prof. Dimas de Melo Braz, responsáveis pela visão de futuro da escola, e pelo apoio financeiro, que viabilizou meu curso de Mestrado.

Ao Conselho Federal de Contabilidade e ao Conselho Regional de Contabilidade de Minas Gerais, pelas idéias e posturas no caminho de uma gestão atuante e comprometida com a contemporaneidade da ciência e da profissão contábil.

Ao Prof. Mestre Antônio Tomé Loures, coordenador do curso de Ciências Contábeis da FACE/FUMEC, pela confiança em mim depositada, confiança esta que, a cada dia, mais me apraz.

Aos Profs. Dr. Gilberto de Andrade Martins e Dr. Wellington Rocha, da USP, e ao Prof. Mestre Osvaldo Manoel Corrêa, da FACE/FUMEC, pelo carinho, atenção e paciência, quando da disponibilidade de suas agendas, já tão atribuladas, pela minha "adoção".

Ao Prof. Mestre Cláudio Paixão Anastácio de Paula, psicólogo, responsável pela minha viagem ao mundo da psicologia e sociologia, presente neste trabalho.

À Prof.ª Mestre Soraya Gervásio, pedagoga, minha cliente e amiga, pela moderação dos grupos participantes da pesquisa, e todo o tempo de que dispôs ao meu trabalho e a mim, com a atenção e o grande carinho que lhe é peculiar.

Aos mestres, Prof. Dr. Ariovaldo dos Santos, Prof. Dr. Diogo Toledo Nascimento, Prof. Dr. Edgard Bruno Cornachione Júnior, Prof. Dr. Fábio Frezatti, Prof. Dr. Geraldo Barbieri, Prof. Dr. Gilberto de Andrade Martins, Prof. Mestre João Domiraci Paccez, Prof. Dr. Luiz João Corrar, Prof. Dr. Nahor Plácido Lisboa, Prof. Dr. Luiz Nelson Guedes de Carvalho, Prof. Dr. Reinaldo Guerreiro, Prof. Dr. Walter Alves, e especialmente ao Prof. Dr. Armando Catelli, pela lição de vida com a qual nos brindou junto às lições de "casa". A todos eles, pela doação de seus conhecimentos e o descortinar de mais uma dimensão.

Ao Prof. Dr. Lázaro Plácido Lisboa, pelo carinho e desvelo em momentos importantes deste trabalho.

Aos colegas do Mestrado em Controladoria e Contabilidade, pelas horas de bom convívio, pelas amizades que se formaram, pelo conhecimento compartilhado.

À Prof.ª Miriam Azevedo, cujo apoio, incentivo e paciente trabalho de revisão contribuiu de maneira ímpar para este trabalho.

Ao Prof. Roberto Arreguy, pela revisão, a Cláudia Natividade Felipe, pelo trabalho de acompanhamento e observação dos grupos participantes da pesquisa, a Maria Lúcia Cleone (Malu), secretária do Departamento de Contabilidade e Atuária da USP, pela paciência, dedicação, carinho e cuidado, quando não só das idas e vindas a São Paulo. À Sueli e ao João Henrique, funcionários da FACE/FUMEC, pelas tarefas impossíveis que lhes foram atribuídas e que, com dedicação e sorrisos, tornaram possível entregar cada etapa do trabalho.

Aos alunos da FACE/FUMEC, nos anos de 2000 a 2003, dos quais tive o privilégio de ter podido ser professora, pelo imenso carinho e acompanhamento em todo o processo do Mestrado.

Aos convidados participantes da pesquisa empírica, pela postura comprometida que demonstraram e suas disponibilidades, com satisfação de estarem participando de um trabalho científico.

Aos meus clientes, pela compreensão às minhas ausências do escritório, aos meus funcionários que se mostraram solidários no cumprimento de suas obrigações, independentemente das minhas ausências. Ao meu irmão, Amarílio, contador, amigo e sócio, pelo apoio aos meus projetos.

Às minhas amigas e amigos para os quais tive muito pouco tempo, Beth, Cátia, Luiz Carlos, Humberto, Sãozinha e Sérgio. A Iza, pelas "consultas" quando o ego e o espírito precisaram de bálsamo. À Marília pelas suas orações.

Em especial, agradeço ao Prof. Dr. Gilberto de Andrade Martins, que aceitou meu pedido para orientador deste trabalho, pelo voto de confiança e incentivo em todo o processo. Obrigada por tudo, embora todo agradecimento não seja suficiente em retribuição ao muito que recebi.

Enfim, meu coração e minha alegria a todos aqueles que participaram comigo desta jornada.

# Sumário

Apresentação .................................................................................. 15

Introdução ..................................................................................... 17

**1 Problema, questão básica e objetivos** ...................................... 25

1.1 Uma justificativa quanto ao objeto e a representação
conceitual do problema ............................................................... 25

1.2 Problematização ...................................................................... 40

**2 Marco teórico** ............................................................................ 41

2.1 Perfil histórico ......................................................................... 41

2.1.1 Múltiplos focos do contador ................................................. 54

2.2 A simbólica na Contabilidade .................................................. 58

2.2.1 Símbolos ................................................................................ 58

2.2.1.1 O anel ................................................................................. 60

2.2.1.2 O caduceu .......................................................................... 64

2.2.1.3 São Mateus, o patrono da Contabilidade ......................... 67

2.3 O comércio .............................................................................. 68

2.3.1 Hermes/Mercúrio (embusteiro ardiloso):
um paralelo mútuo com o imaginário sobre o contador e a Contabilidade ...... 72

2.4 Percepção ................................................................................ 76

2.5 Imaginário ............................................................................... 78

2.6 O inconsciente coletivo como pretexto ao imaginário coletivo ..... 80

2.6.1 Consciência ........................................................................... 81

2.6.2 Inconsciente pessoal ............................................................. 86

2.6.3 Inconsciente coletivo ............................................................ 87

2.7 Representações sociais ........................................................... 91

2.7.1 O porquê das representações sociais na presente investigação ..... 97

2.7.2 Representações sociais do contador e da Contabilidade ..... 99

2.8 Essencialidade, ética e dilemas éticos .................................... 111

**3 Metodologia** ................................................................................................ 119
3.1 Sobre o método, técnicas e procedimentos utilizados ........................................ 119
3.2 Delimitações ..................................................................................................... 125
**4 Análise dos resultados** ................................................................................. 127
**5 Considerações finais** .................................................................................... 155
**Bibliografia** ..................................................................................................... 163
**Anexos** ............................................................................................................. 175
Anexo 1 – Carta-convite ........................................................................................ 175
Anexo 2 – Questões abordadas na pesquisa exploratória ....................................... 176
Anexo 3 – Roteiro para condução do *Focus Group* .............................................. 177
Anexo 4 – Relatório de observação da psicóloga ................................................... 178

*"...A HISTÓRIA é mestra – faz abandonar a verdade estabelecida
(o erro), o FUTURO é continuar à procura da verdade
– do desconhecido, da perfeição.
Em suma: construção, desconstrução, reconstrução, movimento..."*
Rogério Fernandes Ferreira

# APRESENTAÇÃO

Este livro destina-se a apresentar os propósitos, a trajetória metodológica e os resultados de uma pesquisa científica que teve como objetivo captar, analisar e discutir as representações sociais que possam contribuir para a construção do imaginário coletivo sobre o contador e a Contabilidade. Conforme o texto nos esclarece, "representações sociais são saberes construídos pela sociedade em relação a um objeto social, que elas também ajudam a formar, uma versão contemporânea do senso comum".

O trabalho é desenvolvido a partir uma estrutura convencional de outras investigações teórico-empíricas – introdução, questão básica, objetivos, marco teórico, metodologia, análise dos resultados e considerações finais.

O tema e as questões aqui abordadas são instigantes, especialmente para os profissionais e estudiosos da tradicional área contábil. De relevada importância, o texto é dirigido particularmente a um enorme e atuante grupo de contadores – técnicos e bacharéis – que exercem atividades em todos os locais onde se manifestam expressões da sociedade brasileira organizada. Apresenta originalidade, revelando cientificamente resultados surpreendentes, que podem contribuir para a melhor compreensão do papel da Contabilidade e do contador, possibilitando o planejamento de exitosas intervenções por parte dos órgãos de formação, representação e normatização.

Um modo legítimo – por certo não o único – de conceber as representações sociais consiste em entendê-las como a expressão do que pode pensar ou achar determinada população sobre determinado tema. Este pensar, por sua vez, pode se manifestar, entre outros modos, por meio do conjunto das falas emitidas por pessoas dessa população. Assim é que neste estudo as pessoas são inquiridas individualmente e em grupos, sobre o entendimento que têm a respeito da Contabilidade e do contador, com a finalidade de se conhecer de modo sistemático tais representações.

A avaliação qualitativa (pesquisa qualitativa), empreendida pela autora – entrevistas e *focus group* – é pertinente, pois tal abordagem é mais capaz de incorporar a questão do significado e da intencionalidade como próprias aos atos, às relações e às estruturas sociais, sendo estas últimas tomadas como construções humanas. O significado e a intencionalidade, que ocupam posições centrais na pesquisa social que utiliza metodologia qualitativa, aparecem muito mais clara e naturalmente nos discursos, sejam eles frutos de depoimentos coletados em entrevistas individuais ou em grupo.

É importante frisar que esta pesquisa qualitativa, apoiada nos pressupostos sociológicos das representações, trabalha em um espaço denominado *campo*, o que faz com que se deva entender as pessoas, sujeitos da pesquisa, como um conjunto de indivíduos que, situados em uma dada posição do campo, são identificáveis como uma categoria, na medida em que, segundo Bourdieu, detêm *habitus* e representações semelhantes, que se traduzem em determinadas práticas sociais e modalidades de discursos que as expressam. A trajetória metodológica, construída ao longo do desenvolvimento do trabalho, permitiu uma compreensão mais aprofundada dos campos sociais tratados e dos sentidos sobre Contabilidade e contador neles presentes.

Devemos dar os parabéns à autora por ter dialogado, neste texto, com renomados autores da área contábil: Eliseu Martins, Masayuki Nakagawa, Armando Catelli, Hilário Franco, Lopes Sá, Sérgio de Iudícibus; da área de psicologia: Jung, Moreno, Goffman, Morgan, Maroni, Moscovici, Bergamini; da área de ética: Srour e Max Weber. E externar o reconhecimento a ela por incorporar, ao discurso contábil, conceitos e constructos sobre representação social, psique, imaginário, inconsciente coletivo, imaginário coletivo, percepção, intuição, sentimento, entre outros.

Recomendando a leitura, desejo registrar por último meus cumprimentos à Guadalupe, aluna e orientanda do Programa de Pós-Graduação em Controladoria e Contabilidade da FEA/USP, pela determinação, perseverança e paixão dedicadas a esta obra.

Gilberto de Andrade Martins<br>
Prof. Dr. Titular do Departamento de<br>
Contabilidade e Atuária da FEA/USP

# INTRODUÇÃO*

*Representações sociais que contribuem para a construção do imaginário coletivo sobre o contador e a Contabilidade: um estudo empírico* é uma pesquisa sobre a percepção[1] que, em geral, as pessoas têm sobre o contador e a Contabilidade, percepção esta que parece sugerir uma construção a partir de bases mais inconscientes que conscientes.

A Contabilidade como ciência remete à informação, desde seus primórdios e na atualidade que encerra o termo – ciência da informação[2].

Por meio da Contabilidade se estuda, se mensura e se divulga o comportamento das riquezas, traduzidas em patrimônio, independentemente de seus detentores e/ou gestores, desde seu nascedouro, quando seu usuário era somente um: o proprietário do patrimônio, objeto de sua avaliação e mensuração.

---

* Dissertação apresentada ao Departamento de Contabilidade e Atuária da Faculdade de Economia, Administração e Contabilidade da Universidade de São Paulo, como pré-requisito à obtenção do título de Mestre em Controladoria e Contabilidade.

[1] Sobre o conceito de percepção se buscará a idéia básica da visão gestáltica: "a qualidade da forma", que segundo DAVIDOFF (2001, p.164) tem duas características que a definem: (1) dependem das partes relacionadas e organizadas como um todo; (2) são transferíveis. Agrupamentos completamente diferentes das partes – mantendo inatas as relações fundamentais – compõem a mesma qualidade da forma. Exemplo: "uma espiral, formada por pontos, a propriedade espiral, uma qualidade da forma, perde-se se você examinar cada ponto separadamente. A única maneira de ver a espiral é olhando todos os pontos como um todo". Outro exemplo seria "considerar uma canção – por exemplo, *"Three Blind Mice"* ("Três ratos cegos"). Se você toca a música no piano – uma nota por vez, com longas pausas intermitentes – deixaria de ouvir a melodia, uma segunda qualidade da forma. A percepção de melodias depende da experimentação de um padrão. As notas em si não importam. Essa canção pode ser tocada no violão ou no violino". [Gestálica – Psicologia da *Gestalt* que surgiu na Alemanha, próximo ao fim do século XIX, contraria as visões de Wundt e James, cuja tendência era analisar fenômenos psicológicos isoladamente, em vez de examinar a organização como um todo. A palavra alemã *Gestalt* significa padrão ou estrutura.]

[2] "A ciência da informação é a disciplina que investiga as propriedades e o comportamento da informação, as forças que governam seu fluxo e os meios de processar a informação para a acessibilidade e utilidades máximas. Tem um componente de ciência pura, que pesquisa o assunto sem relação com a sua aplicação e um componente de ciência aplicada, que desenvolve serviços e produtos" (H. Borko, sintetizando idéias expostas por Robert. S. Tylor). Cf. MCGARRY, K. J. *Da documentação à informação: um contexto em evolução.* Lisboa: Presença, 1984. *Site* da UFPR – Universidade Federal do Paraná, setor de Ciências Sociais Aplicadas – Departamento de Ciência e Gestão da Informação: <http://www.ufpr.com.br/>, <http://www.decigi.ufpr.br/definições.htm>. Acesso: dez. 2002.

Trata-se de uma ciência social, uma vez que o comportamento "registrado" é de natureza intrinsecamente social (embora se valha de conhecimentos matemáticos, estatísticos, de lógica e de tantos outros para sua avaliação e mensuração) e seus resultados são revertidos à sociedade.

Seja a sociedade a dona do patrimônio, como no passado, ou sejam as pessoas que a compõem (inserido aí, também, o seu dono), pelo entorno de suas ações, tem-se uma sociedade modificada. São decisões de investir ou não, alocações de recursos, subsídios à implementação de políticas – monetárias ou sociais.

Em relação a essa proposta, pode-se fazer eco ao questionamento proposto por Martins (1989, p.1):

> "sobreviveu a Contabilidade ao longo dos anos pela sua capacidade de satisfazer as necessidades de seus usuários, ou por responder a dúvidas de foro íntimo, por confortar a psique individual e coletiva, estruturar e ordenar o relacionamento social, dogmatizar o comportamento humano?"

Guardadas as devidas proporções, pode-se acreditar que a Contabilidade sobreviveu ao desafio de oferecer um conjunto de respostas a seu interlocutor – a sociedade – e, por isso, evoluiu e chegou ao *status* de ciência.

Ciência, etimologicamente, significa conhecimento[3]. No entanto, essa definição se mostra inadequada nos dias de hoje, já que utilizamos outros conhecimentos, além do científico, como é o caso do conhecimento vulgar (ou de senso comum), que é aquele utilizado pelas pessoas no dia-a-dia e que não raro é produzido e apresentado sob o crivo das emoções.

O conhecimento, ou o que a sociedade imagina conhecer ou "saber" sobre o contador e a Contabilidade, será tratado no corpo do presente trabalho a partir do paradoxo no fenômeno ocorrido nessa relação: as emoções expressas nas visões do senso comum, ou do imaginário coletivo, parecem

---

[3] Cf. FERRARI, Trujillo. *A metodologia da pesquisa científica.* São Paulo: Mc Graw-Hill do Brasil, 1982, p.2 – conhecimento é "um conjunto de atividades e de atividades racionais, dirigido ao sistemático conhecimento com objetivo limitado, capaz de ser submetido à verificação".

Para HUSSEL, Edmund (1859-1938), pai da Fenomenologia, "a ciência era um sistema de conhecimento conectado por razões de tal forma que cada passo era construído sobre seu predecessor em uma seqüência necessária". Cf. MOREIRA:2002, p.81.

[Fenomenologia: movimento filosófico surgido no início de século XX com a obra *Investigações lógicas*, publicada em dois volumes, o primeiro em 1900 e o segundo em 1901, e o método "fenomenológico" se encontra aqui definido no item 3 deste trabalho, "Metodologia".]

sugerir um descasamento entre sua relevância e aceitabilidade (que existe desde os primórdios desta disciplina) e a imagem veiculada de seu profissional e da própria Contabilidade.

Como divulgado em uma publicação, cuja chamada veicula – "400 carreiras para o mercado do futuro", assim é definido o contador: "além de controlar todo o dinheiro que entra e sai da empresa, <u>ele pode ajudar em questões gerenciais</u>"[4] (SACCHETTA:1999, p.87).

A Contabilidade, bem como o contador, contribuem na elucidação de questões gerenciais. Quando se trata de uma orientação pautada na tentativa de condução a uma carreira promissora, capaz de inserir o jovem profissional no mercado de futuro, será o futuro qualquer coisa de tamanha simplicidade, ou talvez qualquer coisa que conceba um pouco mais ou um pouco menos, ou nenhuma "boa vontade" na sustentação de qualquer carreira profissional? Uma questão de opção – poder ajudar em questões gerenciais, por exemplo? Continuando, Sacchetta faz elucubrações: [o contador] "costuma ser tranqüilo, fica agitado quando o fim do mês está próximo, pois ele *tem* de fechar o balancete da empresa, ou antes do término do ano, quando *tem* de concluir o balanço anual".

Ainda em referência à característica de pouco compromisso e passividade diante do já ocorrido, o contador se torna "estressado" ou "agitado" diante de um único e exclusivo fato inconteste: o tempo, que é o inimigo de quem para ele não se programa ou não se organiza.

Para enfatizar o papel dos contadores gerenciais na administração de mudanças e na contribuição para o bem-estar, em longo prazo, de uma entidade, Almeida (1995, p.7) comenta o estudo do Comitê de Contabilidade Financeira e Gerencial (FMAC), da Federação Internacional de Contadores (IFAC), ao revisar o Estudo 3, *Uma introdução ao gerenciamento financeiro estratégico*:

> "o estudo destaca que há mais coisas envolvidas na profissão contábil do que <u>apenas contabilidade</u>[5]. Enquanto esta última preocupa-se com a verdade objetivamente verificável sobre um determinado passado, a administração financeira está preocupada com os julgamentos subjetivos relativos a um futuro incerto".

---

[4] Grifo da Autora.

[5] Grifo da Autora.

Quanto ao papel dos contadores, por conseguinte, o papel da Contabilidade, como objeto de estudo por órgãos representativos de classe como os acima mencionados (em que se afirma que o destaque cabe a "outras coisas" além de "apenas contabilidade"), pode-se questionar: o que vem a ser a Contabilidade para tão diminuta representação? Em uma proposta de contribuição no discernimento entre as várias alternativas no mercado para um futuro promissor, estaria a Contabilidade, sob o perfil apresentado, sendo atraente?

A acentuada propagação de imagens ou de imaginários como estes deu origem a um significativo número de artigos e pesquisas, objetivando a divulgação e a sensibilização sobre o que pensam os usuários da Contabilidade a respeito dela e de seu profissional. Entre outros podem ser citados: NAKAGAWA, Masayuki, "O verdadeiro papel do contador no Brasil"; FRANCO, Hilário, "Valorização profissional"; MACFARLANE, W. Selwyn, "O papel dos contadores na melhoria do desempenho dos negócios"; IUDÍCIBUS, Sérgio, "É a contabilidade 'estratégica' ou o contador que deve assumir uma postura estratégica?"; "Contabilidade: uma visão crítica e o caminho para o futuro".

Assim sendo, nota-se uma preocupação e um interesse não só pela própria classe representativa (embora, em situação como a citada acima, o autor tenha elaborado um conceito reducionista da Contabilidade), como também pela sociedade, a quem primordialmente esta ciência serve, ou deveria servir.

Neste sentido são editadas leis e são elaborados estudos no equacionamento da relação entre Contabilidade, contador e sociedade. Em seu artigo 7º, a atual Constituição do Brasil institui a participação dos trabalhadores nos lucros das empresas, o que se promulgou pela Lei 10.101, de 19 de dezembro de 2000 (Brasil, IOB – TL 1/2001, p.5). Entretanto, fazendo referência ao resultado de uma pesquisa efetuada em 60 empresas de porte no país, da qual participaram cerca de 200 operários, Cassarro (1997, p.9) relata: "o trabalhador é cético com relação aos resultados econômicos que a empresa divulga. Apenas a metade acredita neles". Ressalta-se, aqui, que esse lucro é avalizado pelos contadores, conferindo-lhes mais um dado no rol de sua responsabilidade social.

Como possível hipótese ao descasamento da relevância, da aceitabilidade e do imaginário veiculado na sociedade sobre o contador e a Contabilidade, o trabalho de divulgação e sensibilização sobre esse imaginário tem tratado a questão das mudanças no cenário econômico e social como uma das principais responsáveis.

Nesse cenário, seriam requeridos conhecimentos multidisciplinares, criatividade[6], propensão à interagibilidade, procedimentos éticos como nunca exigidos ou esperados, enfim, uma incrível versatilidade à qual se vê o contador submetido no resguardo do seu papel.

A partir da proposta do currículo ideal para o "contador global", apontada durante o encontro internacional de contadores, em Genebra (1999), sua formação estaria distribuída em três grandes grupos:

> *"a- conhecimento das organizações e dos negócios: economia, métodos quantitativos e estatísticos para negócios; organização comportamental; operações administrativas, marketing e negócios internacionais; b- Informática: conceitos de IT, para sistemas de negócios; controle interno baseado na computação; administração de IT; implementação e uso; e avaliação do trabalho com computação; c- conhecimento contábil e relacionamento com a matéria: contabilidade financeira e publicação; administração contábil; taxação; lei comercial; auditoria interna e externa; administração financeira e finanças; e ética profissional"* (MOREIRA:1999, p.C-8).

Para Iudícibus (2001, p.4), as aptidões requeridas de um "contador estratégico", ou seja, de um profissional em sintonia com o tempo em que vive, compreendem, entre outras coisas:

> *"...ao mesmo tempo em que o controller dos anos 90 precisa investir verticalmente, isto é, conhecer as técnicas associadas aos programas de filosofia de qualidade total, com todos os desdobramentos que isto implica, como a necessidade de montar um painel de indicadores não apenas financeiros, mas também de produtividade, deve ser capaz de horizontalizar e ampliar seu conhecimento, para incluir o ambiente externo em que a empresa opera, o chamando "ecossistema" empresarial. (...) Mais importante, por enquanto, do que pretender chegar a uma contabilidade estratégica em termos sistêmicos é verificar e investir nas aptidões, conhecimentos, atitudes e ações[7] para que o contador e o controller, de meros fornecedores passivos de informações (úteis embora), transformem-se em membros ativos da equipe de planejamento estratégico".*

---

[6] Criatividade – "capacidade diferenciada de solucionar problemas que permite às pessoas produzir idéias ou produtos originais que sejam tanto adaptativos quanto plenamente desenvolvidos". LAPLANCHE, J.; PONTALIS, J.-B. *Vocabulário da psicanálise* (1983, p.758).

[7] Grifo da Autora.

Tais questões, porém, deixam de lado pontos fundamentais para a compreensão do problema que se identifica no imaginário coletivo sobre o contador e a Contabilidade: outras ciências e respectivos profissionais, também inseridos nesse cenário globalizado e exigente, estariam se ressentindo de um imaginário pouco confortável e até mesmo desabonador?

Teria este imaginário se disseminado a partir de um movimento globalizante da economia e as implicações que aí se encerram, como a demanda por profissionais efetivamente preparados à realidade percebida, ou será que a semelhança das opiniões sobre o contador e a Contabilidade sugere existir uma forma de imaginário coletivo que norteia suas percepções, fundamentadas a princípio em bases mais inconscientes que conscientes?

Para Jung (1987, p.11), "os conteúdos inconscientes são de natureza pessoal quando podemos reconhecer em nosso passado seus efeitos, sua manifestação parcial, ou ainda sua origem específica"; ainda segundo ele:

*"(...) afora as recordações pessoais, existem em cada indivíduo as grandes imagens "primordiais", ou seja, a aptidão hereditária da imaginação humana de ser como nos primórdios. Essa hereditariedade explica o fenômeno surpreendente de alguns temas e motivos de lendas se repetirem no mundo inteiro e em formas idênticas, além de explicar por que doentes mentais podem reproduzir exatamente as mesmas imagens e associações que se conhecem dos textos antigos (...). Isso não quer dizer em absoluto que as imaginações sejam hereditárias, hereditária é apenas a capacidade de se ter tais imagens".*

Nesse contexto, a preocupação quanto ao imaginário que circunda a Contabilidade e o contador se faz presente. Se o inconsciente perpassa não uma condução hereditária, mas a capacidade de reações idênticas às mesmas imagens ou situações, somente pela identificação dessas imagens ou representações se poderia compreendê-las e, conseqüentemente, sobre elas atuar.

Para conhecer os motivos ou fatores que se fizeram presentes na construção do inconsciente, este processo se viabiliza pela consciência e é verbalizado por representações, em que o ponto de referência se encontrará no ego. Para Bergamini (1979, p.58), o conteúdo do ego são "maneiras de agir na vida de relacionamento com o meio ambiente", estando aí as defesas do indivíduo que, traduzidas em representações, serão objeto do presente trabalho.

Como designação genérica, representações são as formas englobadas no conceito de *représentations collectives* (PALMER:2001, p.149) – categoria cunhada na obra do antropólogo francês Lucien Lévy-Bruhl (1857-1939) – que indicam "as formas socioculturais que se impõem à mente primitiva ao mesmo tempo em que preexistem e sobrevivem aos membros individuais da tribo".

Jung (1998, p.7) afirma que o ego é "um dado complexo formado primeiramente por uma percepção geral de nosso corpo e existência e, a seguir, pelos registros de nossa memória". Propõe também que o ego possui certa idéia de já ter existido e de ter uma longa série de recordações acumuladas, fatores que são seus principais componentes e que, tratados como um complexo de fatores psíquicos, funcionam como um ímã entre os conteúdos do inconsciente e as impressões do exterior que se tornam conscientes ao seu contato.

No presente estudo considera-se a validade desses conceitos não só para a mente primitiva, mas também – pela similaridade de funcionamento – para a mente do homem contemporâneo.

Ao tratarmos as representações na sociedade, discutiremos a posição de Jacques (2001, p.105), que traduz as representações sociais como:

> *"teorias sobre saberes populares e do senso comum, elaboradas e partilhadas coletivamente com a finalidade de construir e interpretar o real. Por serem dinâmicas, levam os indivíduos a produzir comportamentos e interações com o meio, ações que, sem dúvida, modificam os dois".*

Desta forma, a escolha do tema "O imaginário coletivo construído pela sociedade sobre o contador e a Contabilidade", como objeto de pesquisa, busca trazer uma contribuição ao estudo das relações que permeiam a Contabilidade, os contadores e seus usuários (na amplitude que o termo encerra), cuja cultura deveria tender à inspiração, a partir das riquezas, e à percepção que delas tem a sociedade.

Nas considerações finais, o texto poderá proporcionar melhor visão da relação triangular entre Contabilidade, contador e usuários, no processo de crescimento social, e uma conseqüente proposta de contribuição para o incremento da percepção que a sociedade tem sobre a Contabilidade e o contador, objetivando a fidedignidade deste processo.

# 1 PROBLEMA, QUESTÃO BÁSICA E OBJETIVOS

## 1.1 UMA JUSTIFICATIVA QUANTO AO OBJETO E A REPRESENTAÇÃO CONCEITUAL DO PROBLEMA

A escolha do objeto do estudo proposto foi motivada pela experiência da pesquisadora no exercício da função de contadora e docente no curso de Ciências Contábeis, quando uma inquietação se fez presente em meio à rotina. Tratava-se de comportamentos alusivos à Contabilidade e aos contadores, identificados em vários segmentos da sociedade e mesmo das pessoas em suas individualidades.

Há um imaginário coletivo a circundar o exercício da Contabilidade, embora não necessariamente no meio contábil. Pessoas comuns ou detentoras de alguma especialidade, não importando a geração, se manifestam de forma similar. Suas opiniões sobre o contador e a Contabilidade se expressam de maneira que nem sempre conferem com o papel do contador ou da própria atividade. A semelhança das opiniões parece sugerir que existe um imaginário coletivo sobre o contador e a Contabilidade que norteia as percepções desses indivíduos, opiniões que a princípio se fundamentam em bases mais inconscientes que conscientes.

Reconhecida muitas vezes pelas contribuições de Freud, a idéia de inconsciente poderia, segundo Palmer (2001, p.149, 125), ser creditado a Platão.

A palavra inconsciente é atribuída por Jung (2001, p.23) a certos acontecimentos que não são tomados pela consciência, permanecendo, por assim dizer, abaixo do seu limiar, eventos que aconteceram, mas foram absorvidos, subliminarmente, sem nosso conhecimento consciente, e que "só podemos percebê-los nalgum momento de intuição ou por processo de intensa reflexão que nos leve à subseqüente realização de que devem ter acontecido".

Sob essa dimensão inconsciente, é importante ressaltar que, embora exista uma interferência no comportamento consciente, fundamentalmente não se conhecem os motivos pelos quais esses conteúdos inconscientes atuam, como afirmado por Ey (1969, p.13): "O que define o inconsciente é que ele é desconhecido da consciência. Daí se deriva também que fora da consciência não existe conhecimento. E que fora do conhecimento o ser se apaga para cair no não-ser, eis o que se é inclinado a pensar".

Nesse sentido, o inconsciente, em si, talvez não fosse mais do que uma palavra "congelada", cujo sentido somente se faria valer diante do sofisma de uma incontestável realidade, momento em que, com nitidez, se daria o processo de acomodação na consciência, ou seja, deixando de ser inconsciente.

Entretanto, ao se tomar o inconsciente, conforme proposto por Jung (2001, p.23) e por Ey (1969, p.13), como o desconhecido da consciência, de que maneira se pode explicar o fato de que algo de que não se tem consciência possa influenciar atos conscientes?

Aparentemente alguém precisou, tomando por base suas experiências ou as do seu grupo, ao longo da história, influenciar alguém quanto a uma visão de mundo. Nesse caso, não seriam os conteúdos inconscientes, e sim a forma como eles são assimilados, e as reações a essa assimilação no ambiente que é inconscientemente ativada nas situações em questão. Seria uma espécie de partida para o funcionamento de um mecanismo, em que o inconsciente aflorado ativa o consciente, sob o prisma irrefutável de uma realidade da qual passa a ser crédulo e, a partir daí, é disseminado.

Temos, assim, algo a se formar como um imaginário coletivo que, embora sustentado na prática grupal cotidiana, possui uma base profundamente fixada na individualidade inconsciente do indivíduo, o "eu" pessoal, fazendo-o reagir, interpretar e se relacionar com a realidade, segundo ótica bastante específica, ou seja, pela consciência, onde o inconsciente se manifesta.

Uma vez que a existência de um eu é de natureza completamente desconhecida e para tal existência há pouca justificação científica, Jung afirma que o inconsciente diz respeito ao núcleo de uma esfera mental de ordem superior. Quando estudado, em seus produtos[8], pode-se chegar a algumas conclusões quanto a sua existência e quanto à individua-

---

[8] São produtos do inconsciente: os arquétipos, a consciência.

lidade intrínseca às percepções de cada um dos seres humanos. No entanto, é o próprio Jung (1998, p.4) que nos alerta: "Todo cuidado será pouco para não cairmos num antropomorfismo exagerado, pois os fatos, em sua realidade, podem ser bastante diferentes da imagem que a nossa consciência forma deles."

Apesar da estrutura comum dos seres humanos, permanece preservada a individualidade do eu pessoal, que permite o discernimento diante das circunstâncias e é objetivada por uma visão particular e única dentro de sua personalidade, independentemente da limitação a que naturalmente se vê confinada. Afirmando que "a psique não pode conhecer sua própria substância", Jung (2001, p.23) exemplifica:

*"Se tomarmos o mundo físico e o compararmos à imagem que dele é formado pelo consciente, descobriremos todo tipo de idealizações mentais que não existem como fatos objetivos; assim, vemos cores e ouvimos sons, mas na realidade trata-se de vibrações. O que acontece é que precisamos de um laboratório equipado com aparelhos complexos para estabelecermos um quadro desse mundo desligadamente de nossos sentidos e de nossa psique[9]; e eu suponho que se dá exatamente o mesmo com o nosso inconsciente. Deveríamos ter um laboratório para que fosse estabelecido, através de métodos objetivos, como são as coisas em sua verdade no mundo inconsciente" (JUNG:1998, p.5).*

Vê-se assim que se trata de percepções: a consciência ou o inconsciente, no mundo consciente, resultado de avaliação pessoal e única, mesmo sob base coletiva, se reverte de posições a partir de sensações que se formam de fora para dentro, o que poderia vir explicar a leitura da manifestação inconsciente para um processo consciente somente por meio de uma incontestável realidade.

---

[9] Psique – vida mental. Personalidade, na *Psicologia analítica* de Jung.
Usado por Jung alternadamente com a palavra alemã *Seele\**, que em inglês não tem um equivalente único, conforme observou o tradutor da *Collected Works* (CW 12, par.9).

\* No uso coloquial do idioma alemão esta palavra pode ser traduzida por "alma", em oposição a *Korper* ("corpo físico"). Tem a acepção psicológica de "mente" (N. do T.), *Dicionário crítico de análise junguiana* (SAMUELS & PLAUT:1972, p.177).

Para Brandão (1995, p.209), é igualmente a alma personificada. Em grego – *psykhé*, do v. *psýkhein*, "soprar", significa tanto "sopro" quanto "princípio vital".

Sob este prisma, Jung (1998, p.5) afirma que a consciência é "sobretudo produto da percepção e orientação no mundo externo, que provavelmente se localiza no cérebro e sua origem seria ectodérmica"[10].

No cotidiano, deparamos com situações em que tais percepções alimentam um círculo que, de agente inclinado no "apagar-se fora do conhecimento" (EY:1969, p.13), passa a agente inclinador, reação fundamentada por imagens do quadro descrito, mas que somente se fixaram por terem encontrado respaldo no seu mundo interior, ou seja, seu inconsciente.

Neste ponto, para responder à indagação de como fatos de que não se tem consciência podem influenciar atos conscientes, talvez possamos nos reportar ao próprio Freud (1969, v. XIX, p.34-35) quando ele distingue a idéia (pensamento) do Inconsciente (Ics) ou Pré-consciente (Pcs)[11] e afirma: "a primeira é efetuada em algum material que permanece desconhecido, enquanto que a última (a do Pcs) é além disso, colocada em vinculação com representações verbais".

Na tentativa de diferenciar o Pcs e o Ics, além de sua relação com a consciência, propõe Freud (1969, v. XIX, p.35) que os fatos se tornam "pré-conscientes", ou seja, capazes de se tornar conscientes, "vinculando-se às representações verbais que lhes são correspondentes".

Neste sentido, o presente trabalho se aterá às questões situadas na transição do contato entre as expressões do exterior e o inconsciente, particularmente no que diz respeito às representações na sociedade.

Em sociedade, para Goffman (2001, p.25), "quando em indivíduo desempenha um papel, implicitamente solicita de seus observadores que levem a sério a impressão sustentada perante eles". A este desempenho ou ato atribui-se o conceito de dramatização[12], conceito que, em seu cerne, sustenta a responsabilidade da confirmação e da segurança dessa impressão. Em alguns *status* sociais esses atos não têm representado problemas ou apre-

---

[10] Ectodérmica – de ectoblasto – s.m. Folheto embrionário externo, de que provêm a pele e seus anexos. LAROUSSE, Koogan. *Pequeno dicionário enciclopédico Larousse do Brasil*, Rio de Janeiro, 1987. Ou seja, é originado de reflexos de comportamento externos.

[11] Freud (1900a) introduziu essas abreviaturas em *A interpretação dos sonhos*, Edição Standard Brasileira, v. V, p.576 e segs. Imago, 1972.

[12] Dramatização: "Usado por Moreno* como sinônimo de atuação terapêutica: implica em todos os atos que se realizam no 'como se' psicodramático com um enquadramento claro e preciso, e onde, por consenso, foi delimitado um espaço (o cenário) como o lugar onde vai transcorrer a ação dramática. Tudo que aí ocorrer terá as limitações criadas pela presença concreta dos que realizam a ação, mas terá a liberdade total proporcionada pela atemporalidade do imagi-

sentado dificuldades em sua dramatização. A exemplo dos papéis de esportistas, cirurgiões, artistas e policiais, entre tantos outros, suas qualidades e atributos são transmitidos vividamente e permitem uma auto-expressão tão dramática que os profissionais exemplares – reais ou falsos – se tornam famosos e ocupam lugar de destaque nas fantasias que são comercialmente organizadas e exploradas pelas nações.

A dramatização do trabalho de um indivíduo, contudo, nem sempre se dá de forma tão receptiva. Como foi demonstrado pelo estudo de Lentz (1954, p.2-3): o autor identificou que em um hospital o corpo de enfermeiras da área clínica tem problemas que o corpo de enfermeiras de cirurgia desconhece. Foi observado que as enfermeiras de cirurgia, cujas atribuições e ações (muito mais visíveis) se voltam para pacientes em processo pós-operatório (muito mais fragilizados) encontram de forma incontestável o respaldo e o respeito por parte dos pacientes e seus familiares.

Ao trocar curativos, colocar aparelhos, monitorar equipamentos, por exemplo, elas têm seus procedimentos visualizados e objetivados de forma mais clara e inequívoca.

Por outro lado, as enfermeiras clínicas, das quais também se exige grande perícia, têm seu papel centrado em proceder observações pelas quais se basearão os diagnósticos médicos. Enquanto o diagnóstico do cirurgião depende em grande parte de coisas visíveis, como fraturas, paradas cardíacas, entre outros, a impossibilidade de ver criaria problemas para o diagnóstico do médico clínico. Embora essa deficiência seja suprida pela enfermeira clínica, para o paciente isso não fica evidente.

Dessa forma, um paciente não sabe que está sendo observado quanto à sua respiração, tonalidade de pele, entre outros aspectos, quando uma enfermeira clínica dirige-se ao seu leito e com ele conversa; da mesma forma outro paciente, com seus familiares, que também se encontram no mesmo local, podem concluir que esta enfermeira não tem maior importância e

---

nário. (...) A ação dramática produtora de atos criadores resulta em uma mudança naquele que a realiza e no meio circundante. O psicodrama considera que o homem é integrado por um conjunto de papéis potenciais e atuais, produto dos numerosos atos criadores que realiza durante a vida. A dramtização, por meio do trabalho realizado em três áreas – corporal, imaginária e simbólica – permite investigar, reparar e recriar todos aqueles aspectos que ficaram estacionários durante a construção do átomo cultural" (MENEGAZZO ET AL:1992, p.75).

* MORENO, Jacob Levy – Psicólogo que, diferentemente de Freud, concebe a personalidade com características mais atuais e o comportamento imediato. Segundo Moreno, "o que mais importa é o presente e não o passado, com valorizou Freud" (BERGAMINI:1979, p.60).

seu papel se resume em fazer visita formal e impessoal. Isto quando não se sentem até mesmo desprezados por não serem, naquele momento, alvo de atenção. Resumindo, poderiam concluir: "as enfermeiras estão matando o tempo", a menos que estejam correndo para fazer coisas visíveis, como aplicar injeções" (LENTZ: 1954, p.2). Isto, de certa forma, contribui para a importância das pessoas no resguardo dos seus papéis em sociedade.

Bergamini (1979, p.60-62, *apud* Moreno, 1972), ao dissertar sobre "Moreno e o esquema de papéis", considera que o núcleo da personalidade é formado pelo eu, que, por sua vez, é formado por estruturas básicas inatas e experiências vividas incorporadas ao psiquismo individual.

O eu "representa o fulcro da personalidade e a ele cabe lançar no mundo comportamentos típicos a cada pessoa, que são os papéis" (BERGAMINI:1979, p.60), cujo cerne se encontra na dramatização.

Para Goffman (2001, p.38), "o problema de dramatizar o próprio trabalho implica mais do que simplesmente tornar visíveis os custos invisíveis", o que vem ao encontro dos propósitos da Contabilidade e, em toda sua extensão, alinha-se a eles: identificar, mensurar e informar sobre as riquezas que formam o patrimônio[13], papel que se desenvolve pela ação do contador.

Sintetizando, o que de mais importante Goffman nos traz diz respeito a requerer muitas vezes atributos diferentes dos que estão sendo dramatizados em seu processo de comunicação; ele exemplifica a partir de Hilton (1953, p.399-404):

> *"Assim, para mobiliar uma casa de modo tal que exprima dignidade simples e tranqüila, o dono da casa pode ter de correr a leilões, regatear com antiquários e teimosamente esmiuçar todas as lojas locais para encontrar o papel de parede e o material para as cortinas adequadas. Para fazer uma palestra no rádio que pareça genuinamente natural, espontânea e tranqüila, o locutor pode ter de planejar o seu texto com esmerado cuidado, ensaiando frase por frase, a fim de imitar o conteúdo, a linguagem, o ritmo e a fluência do falar cotidiano[14]."*

---

[13] Na atualidade, vive a Contabilidade o questionamento sobre a questão da objetividade, priorizada de forma normativa em seu processo de identificação, mensuração e informação, o que a impele à não-tradução de ganhos e/ou custos intangíveis.

[14] HILTON, John. *Calculated spontaneity. Oxford book of English talk* (Oxford: Clarendon Press, 1953, p.399-404), *apud* GOFFMAN, Erving. *A representação do eu na vida cotidiana*, 2001, p.38.

Contudo, segundo Sartre[15], "o aluno atento que deseja ser atento, olhos fixos no professor, ouvidos bem abertos, consome-se tanto em representar o papel de atento que termina por não ouvir mais nada", e "assim os indivíduos se encontram muitas vezes em face do dilema expressão versus ação" (GOFFMAN:2001, p.39).

Discernir sobre este dilema passa pela observação do próprio Goffman de que, em algumas organizações, a solução é entregue a especialistas, que gastarão o tempo expressando o significado da tarefa e não perderão tempo em desempenhá-la efetivamente. Exemplificando, tem-se neste processo a implementação de medidas para contratação de profissionais de O&M (Organizações e Métodos), Marketing, TQC (*Total Quality Control*), entre tantos outros.

Desta forma se teria, na organização, o papel de "dramaturgo" centrado em sua essência, ações que especificamente lhe são pertinentes, minimizando, talvez, o risco de, inconscientemente, alimentar a rede das representações sociais, cujas práticas se associam às culturais, mas que reúnem tanto o peso da história e da tradição, como a flexibilidade da realidade contemporânea.

Com seus estudos, Goffman (2001, p.39) preconiza que, se alterarmos nosso ponto de referência por um momento e nos voltarmos de uma determinada representação para os indivíduos que a apresentam, pode-se considerar um fato interessante, a sucessão das diferentes práticas para cuja execução qualquer grupo ou classe de indivíduos contribui.

Como sugerido por Hiroshi (1998, p.47-58), independentemente do imaginário que se observa sobre o contador e a Contabilidade, haveria necessidade de um posicionamento da "marca" Contabilidade. Por extensão, também se posicionaria a "marca" contador, elemento potencializador no aparato das representações.

Pelas representações sociais são veiculadas as imagens identificadas a cada objeto e por elas se tornam conhecidas. Paula (1998, p.6), ao comentá-las, afirma:

> "*Num modelo capitalista, aqueles que se consagram à difusão de conhecimentos (não somente intelectuais, mas também 'especialistas' em mídia e*

---

[15] SARTRE, Jean-Paul. *Being and nothingness*. Trad. Hazel E. Barnes. Nova York: Philosophical Library, 1956, *apud* GOFFMAN, Erving. *A representação do eu na vida cotidiana*, op. cit., p.39.

*marketing político, por exemplo) marcam as representações sociais com uma certa autonomia."*

Como difusores de conhecimento temos a Contabilidade e os contadores que, como tais, revestidos de intelectualidade, de forma autônoma marcam as representações sociais no preparo das informações sobre as riquezas traduzidas pelo patrimônio das organizações, sejam eles coletivos ou particulares.

Neste mesmo sentido, Gatti (2002, p.40-41) argumenta que somos um país com 170 milhões de habitantes, com aproximadamente 60.000 empresas contábeis disputando o mercado, o que reforça e torna imprescindível a divulgação e a expansão da imagem e da marca. "A marca será a forma mais legítima de comunicação, tanto das empresas como do profissional com seus clientes" (GATTI:2002, p.41).

Para Goffman (2001, p.39), um profissional pode sujeitar-se a desempenhar um papel modesto e de pouca relevância em sua rua, em seu negócio, ou até mesmo em sua casa, mas na esfera social em que se contextualiza o exercício de sua competência profissional, se preocupará muito em dar demonstração de eficiência, o que de alguma forma o compensa.

Individualmente, qualquer profissional, também o da Contabilidade, da mesma forma, pode se considerar ou se ver com menos importância, mas no coletivo se verá integrado a uma proposta contrária. No coletivo, se coloca em silêncio, com uma atitude moderada e caracteristicamente cordata; e nessa situação o fardo pode lhe parecer mais leve do que se tratado na sua particularidade ou individualidade. No conjunto, a responsabilidade sobre a representação desse papel é diluída, não lhe sendo cobrada em sua totalidade, o que de certa forma o mantém junto às bases sociopsicológicas num sistema social.

Num sistema social, as bases sociopsicológicas, das quais fazem parte os papéis, as normas e os valores, particularmente no que dizem respeito ao comportamento de seus membros no desempenho de seus papéis, Sartre[16] corrobora a visão de Smith (1853, p.75), que inferindo sobre estes papéis indica:

> *"Por meio de que importantes realizações o jovem nobre é educado para manter a dignidade de sua classe e tornar-se merecedor daquela superioridade sobre seus concidadãos, a que o mérito de seus antepassados o ele-*

---

[16] Idem.

*vou?; É pelo saber, pela diligência, paciência, espírito de sacrifício ou outra espécie de virtude? Como todas as suas palavras, todos os seus gestos são objeto de atenção, ele aprende a levar em consideração habitualmente todas as circunstâncias do comportamento comum e estuda a fim de executar todos estes pequenos deveres com a mais exata propriedade. Como tem consciência do quanto é observado e de como os homens estão dispostos a favorecer todas as suas inclinações, age, nas ocasiões mais corriqueiras, com aquela liberdade e elevação que o pensamento desta condição naturalmente inspira. Seu ar, suas maneiras, sua conduta, tudo marca aquele sentido elegante e gracioso de sua própria superioridade, que os nascidos para posições inferiores dificilmente podem alcançar. Estes são os estratagemas pelos quais pretende tornar os homens mais facilmente submissos à sua autoridade e governar as inclinações deles a seu bel-prazer. E nisto raramente se desilude. Estes estratagemas, sustentados pela posição e preeminência, são geralmente suficientes para governar o mundo."*

Neste sentido, completa Goffman (2001, p.40): "Se tais virtuoses realmente existem, proporcionam um grupo conveniente no qual é possível o estudo das técnicas pelas quais a atividade é transformada em espetáculo[17], ou seja, estruturadas sob a égide que se queira dar, o que significa "representar".

Estruturalmente, o representar, ou as representações se encerram no processo da Teoria da Comunicação. A dificuldade, segundo Bedford & Beladouni (1962), se divide em três dimensões fundamentais: semântica, sintática e pragmática. Semântica, em analogia ao significado de seu papel que muitas vezes não é compreendido por seus interlocutores; conseqüentemente, sintático quanto às leis próprias que lhes permitem estudar o significado em suas origens; e pragmático, cuja verdade em si justifica os papéis, que, como afirmam Katz e Kahn (1987, p.53), se apresentam como:

> *"configurações padronizadas de comportamento requeridos de todas as pessoas que desempenham uma parte em determinado relacionamento funcional, sem que sejam levadas em conta os desejos pessoais ou as obrigações interpessoais irrelevantes a tal relacionamento".*

No que diz respeito à Contabilidade, comentam Scarpin et al. (2000, p.36):

---

[17] Espetáculo, na perspectiva empregada na obra, ou seja, de representação teatral (observação da autora).

*"Apesar da Ciência Contábil fornecer um manancial de informações detalhadas e precisas aos gestores de empresas, estes não foram ainda devidamente cientificados do alcance dessas e de sua importância para o planejamento e controle de suas atividades. Este fato tem inibido o crescimento, o desenvolvimento e o reconhecimento de muitos contabilistas e suas empresas de contabilidade."*

Embora de maneira histórica o profissional da Contabilidade tenha tido sua profissão construída em íntimo contato com o mercado, de alguma forma seu papel de "mercador" foi deixado de lado. Ele, que trabalha com o mercado, se esqueceu que também é parte ativa deste.

Somente no Estados Unidos, o setor de serviços profissionais de Contabilidade, nas últimas décadas, ocupa um espaço significativo na economia. Comandado pelas firmas denominadas de *big five* (as cinco maiores), antes *big six* (as seis maiores) e hoje *big four* (as quatro maiores), empresas que prestam serviços de auditoria e de consultoria, juntas, movimentaram em 2001 US$ 65,6 bilhões, conforme dados da agência *Reuters*, publicados pelo *Washington Post* em 6 de dezembro de 2001.

**Tabela 1**: Receitas e empregados das *Big Five*, firmas de serviços profissionais de auditoria e consultoria – 2001

| Companhias | Receitas ($bi) | Empregados |
|---|---|---|
| PWC | 22,3 | 150.000 |
| Deloite Touche Thomatsu | 12,4 | 95.000 |
| KPMG | 11,7 | 100.000 |
| Ernst & Young | 9,9 | 84.000 |
| Andersen | 9,3 | 85.000 |

*Fonte:* Reuters (Washington Post)

No Brasil, em 2002, havia 64.319 organizações contábeis, com a concentração de 16.634 empresas somente no estado de São Paulo[18].

O contador, por receio talvez de uma exacerbada e até mesmo inequívoca interpretação da Resolução 803/96[19], viu-se relegado a estereóti-

---

[18] Fonte: Site Conselho Regional de Contabilidade – CFC. <http://www.cfc.org.br/>. Estrutura – quantos somos. Acesso: dez. 2002

[19] Brasil – Código de Ética Profissional do Contabilista – CEPC, ainda sob influência de sua primeira publicação, em 1950, na qual não se previa qualquer tipo de divulgação ou propaganda.

pos, observações e representações de pensamentos relacionados com o sentimento de menos-valia.

Por outro lado, Gordon Gold, apud Scarpin (2000, p.37), aponta a metodologia contábil como uma das maiores invenções dos últimos 2.000 anos, ao afirmar que: "Se o dinheiro é o sangue e os mercadores o sistema circulatório da economia global, os livros de contabilidade são as células nervosas que controlam e respondem a mudanças no fluxo do dinheiro."

Conseqüentemente, aos contadores é reportada a responsabilidade pelo corpo que abriga esse sistema, sem o qual não sobreviveria sem diagnósticos, receitas e recomendações – como ocorre com os médicos, que cuidam da saúde de seus pacientes e, para sobreviver, se valem de diagnósticos, receitas e recomendações.

No entanto, não obstante o avanço das relações comerciais, em tecnologias e propósitos, paralelo propulsor na economia global, tem-se a Contabilidade como argumento para as questões não somente de produção, repartição e de consumo das riquezas, mas como entorno à economia política, por meio do poder emanado da identificação, mensuração e informação dessas riquezas, razão de ser dos negócios, aos quais a Contabilidade serve.

Dos negócios emerge a economia, conjunto das atividades da coletividade humana no que diz respeito à produção e ao consumo das riquezas, cuja linguagem, como registrado por Hendriksen & Breda (1999, p.29), utiliza a Contabilidade.

Apoiada numa noção de linguagem[20], a atividade contábil é, para muitos, a linguagem dos negócios, com o que compartilham Ijiri (1975, p.14), Anthony et al. (1975, p.12-13), entre tantos outros. Para Hillman (2001, p.15),

> *"os negócios proporcionam as idéias que moldam nossa vida – seus sucessos, seus valores, suas ambições. O drama dos negócios, com suas lutas, desafios, vitórias e derrotas, forma o mito fundamental da nossa civilização, a história que explica a motivação implícita nos rituais do nosso comportamento".*

---

[20] Linguagem – "Faculdade que têm os homens de comunicar-se uns com os outros, exprimindo seus pensamentos e sentimentos por meio de vocábulos, que se transcrevem quando necessário". LAROUSSE, Koogan. *Pequeno dicionário enciclopédico Larousse do Brasil*, op. cit., 1987.

Continuando esse raciocínio, o autor argumenta que, entre todas as idéias relativas aos negócios, o destaque cabe ao poder, seja ele travestido de autoridade, do controle, do prestígio, da influência, da fama ou de qualquer outra forma presente à circunstância, numa espécie de religião, o que não exime a Contabilidade do envolvimento neste universo, isto é, as idéias que seu poder sustenta.

Somente em nível de conceito, Iudícibus (2000, p.80) traz a Contabilidade sob três ângulos: primeiro, "sob o ponto de vista do acompanhamento das variações quantitativas e qualitativas do patrimônio"; segundo, "sob o ponto de vista do usuário da informação contábil", e ainda "sob o ponto de vista econômico", fazendo residir, aí, as informações que irão gerir a economia.

Sob ângulos distintos, a Contabilidade se completa justificando abordagens macroeconômicas, como enfatizado pelo próprio Iudícibus, o que indubitavelmente ressalta sua importância, seu poder.

Definido por Hillman (2001, p.22), o poder passa pela dimensão do contexto, o que nos leva a refletir sobre o poder da Contabilidade. Ao citar Einstein, "tudo dever ser o mais simples possível, mas não simplório", defende esse autor também que "uma idéia simples de poder, qualquer idéia que o defina de modo simples, nos induz à passividade e, desse modo, acaba por enfraquecer o poder".

Em que pese seu poder, a Contabilidade, como o contador, ao desfrutar do legado de Luca Pacioli, em sua *Summa de arithmetica, geometrica, proportioni et proportionalitá*[21]*,* obteve nesse trabalho seu mais clássico exemplo de que o poder, ou as idéias[22], devem ser simples, mas nunca simplórias.

Nesse entendimento, Hillman (2001, p.22) atribui à mente o exercício do movimento sutil com o enriquecimento de elementos, o que evita uma visão unilateral, devido à estreiteza do enfoque, que acaba por bloquear o acesso ao poder e a sua fruição.

A Contabilidade ostenta como marco inicial o mecanismo das partidas dobradas, que simplificou e ampliou sua atuação. No entanto, a simpli-

---

[21] Primeiro livro de Contabilidade, editado em Veneza, em 1494. Luca Pacioli foi o disseminador das partidas dobradas (mecanismo de débito e crédito na Contabilidade).

* Sobre Luca Pacioli, cf. SCHMIDT:2000, p.35.

[22] A palavra grega para "idéia" – *eidos*, vem de *idein*, "ver", e está relacionada ao substantivo, que significa duas coisas: (a) algo visto como forma, e (b) um modo de ver como perspectiva, aqui acatada como poder ou as idéias que o poder tem (HILLMAN:2001, p.32).

ficação desse mecanismo, dissociado da complexidade da leitura e análise de seus resultados, implica um risco que hoje paira sobre uma visão de "departamento" no Sistema Organizacional, isto é, o Sistema Formal.

Segundo Guerreiro (1989, p.171-172), o Sistema Formal diz respeito à organização da empresa, o que mais tarde se definiu por Sistema Organizacional. Tratado como subsistema no Sistema Empresa[23],

> *"contempla a forma pela qual a empresa agrupa as suas diversas atividades em departamentos, a definição da amplitude administrativa, o grau de descentralização desejável, a utilização das funções de assessoria, o problema da autoridade e responsabilidade, entre diversos outros aspectos".*

Reportado ao Sistema Empresa, o Sistema Organizacional – *layout*[24] das organizações em seu aspecto formal – diz respeito ao suprimento de todos os recursos necessários ao objetivo das organizações, por meio de seus departamentos ou departamentalizações, dos quais a Contabilidade faz parte.

Entretanto, não é raro se falar do aspecto conceitual de "departamento" como sinônimo de Contabilidade, o que justifica a preocupação com a atribuição dessa simplificação, visto que objeto e o objetivo da Contabilidade são de natureza e de características distintas[25].

A Contabilidade nasceu das relações comerciais em todas as suas dimensões e estágios, o que nos leva a concluir que não nascera um "homem contador", mas sim a necessidade do aprimoramento dos estudos das relações comerciais, no movimento das riquezas, a partir dos experimentos de seus detentores.

A Contabilidade é entendida como uma extensão da riqueza, em seu aspecto informacional, objetivando a tomada de decisões; essa posição é também defendida pelo Prof. Eliseu Martins, para quem "a Contabilidade nasceu com uma vocação gerencial"[26].

---

[23] Sistema Empresa: a empresa em si, integrada pelos demais sistemas na consecução da eficácia do todo. Para outra fonte de leitura, cf. CATELLI, A. (Coord.) *Controladoria* – uma abordagem da gestão econômica – GECON. São Paulo: Atlas, 2002, Parte I. Para leitura sobre os outros subsistemas do Sistema Empresa, idem, p.55-57.

[24] *Layout:* disposição gráfica da estrutura organizacional.

[*] Estrutura Organizacional – refere-se ao modo como as atividades de uma organização são divididas, organizadas e coordenadas. STONER & FREEMAN. *Administração.* 1999, p.230.

[25] Como objeto da Contabilidade temos o patrimônio, e como objetivo, a disponibilização de informações úteis para a tomada de decisões.

[26] MARTINS, Eliseu. Palestra inaugural no I Seminário USP de Contabilidade. Faculdade de Economia, Administração e Contabilidade – EAC/FEA/USP, 1º-2 out. 2001.

Finalmente, as investigações sobre o imaginário coletivo, que contribuem para a construção e fixação das representações sociais sobre o contador e a Contabilidade, nos direcionam a uma inquietação e, à luz do pensamento de Marion (1998, p.4), nos fazem perceber que não se trata de processo isolado:

> "Talvez se chamasse este texto de profissão do futuro, um leitor que não é da área contábil poderia discordar dele e até não lê-lo. Ele poderia indagar por que, se essa profissão é uma das mais antigas que existem; poderia dizer que o estereótipo da imagem desse profissional em nossa sociedade não é o melhor possível (aparentemente não muito criativo, talvez um pouco tímido e, em alguns casos extremos, até com suspeita de ausência de idoneidade profissional). A despeito de qualquer juízo já concebido, rogaria ao leitor que lesse este artigo até o fim e fizesse um novo juízo, não <u>olhando basicamente o momento que vivemos</u>[27], mas projetando uma nova realidade de que é emergente, inquestionável e irreversível."

Neste "apelo", deve-se ressaltar a emergência do imaginário coletivo que se expressa por meio de uma dissociação entre a "(...) realidade que é emergente, inquestionável e irreversível" e o contador e a Contabilidade.

Em artigo que ostenta como título "Preparando-se para a profissão do futuro", Marion (1998, p.4-8), como foi visto na citação acima, leva seu autor a se prevenir para uma possível desistência do leitor, quando identificar tratar-se de um texto sobre a Contabilidade enquanto profissão e seu agente, o contador.

Reflexo de uma pseudocontabilidade, na chamada onda globalizada que se posiciona alicerçada no processo dinâmico da informação, são deixados para trás os Contadores "ativos"[28].

Deitados em berços esplêndidos, confortáveis, dentro de um sistema fechado e desenvolvido há mais de 500 anos[29], pelo qual se pautaram numa atitude simplista, conscientes ou não, se vêem estes "contadores" frente a

---

[27] Grifo da Autora.

[28] Contadores que aderiram à simplicidade do mecanismo de débito e crédito como única e exclusiva função da Contabilidade.

[29] Sistema de escrituração por partidas dobradas, divulgado pelo Frei Irmão Luca Pacioli, em seu livro intitulado *Summa de arithmetica, geometrica, proportioni et proportionalitá*, na seção denominada *Particularis de Computis et Scripturis*. Veneza, 1494 (cf. referência da nota 21).

uma "revolução informacional", da qual se ressentem. Para Toffler (2000, p.7), a informação (a terceira onda)[30] está "(...) criando abundantes oportunidades de trabalho para especialistas técnicos cultos e qualificados, profissionais liberais e outros 'trabalhadores do conhecimento'".

Em sua essência, a informação, seja de ordem econômica, financeira, social, fiscal ou ambiental, em conjunto, é parte intrínseca das riquezas, desde os primórdios da humanidade. O que muda, sim, é sua velocidade e sua objetividade, constatação que se faz presente, frente a relatos como o de Kaplan & Atkison (1989, p.1-3).

Esses autores afirmam que, nas origens do controle gerencial (marco da modernidade), há processos que foram identificados, no início do século XIX, nas empresas de armamento e têxteis, que, passando por expressivo desenvolvimento, a partir do crescimento das estradas de ferro, no meio do século, e com a presença destacada de grandes comerciantes, como Sears-Roebuck, Marshall Field e Woolworth, no final do século, já faziam uso de controles como forma de se manter atualizadas, e, por conseguinte, competitivas[31].

Também nessa época (final do século XIX), esses comerciantes, a partir de suas transações, extraíam informações de caráter econômico-financeiro, ao utilizarem medidas como margem bruta[32] e índice de rotação de estoques para medir a lucratividade e a velocidade com que as mercadorias compradas se tornavam vendas.

Teoricamente é um tema oportuno e interessante, cuja originalidade reside na derivação das reflexões sobre o posicionamento do contador e da Contabilidade frente às necessidades de uma sociedade mundializada, a partir do conceito de representações sociais. Citando Hillman (2001, p.35), "a vitalidade de uma cultura depende menos de sua história e esperanças do que sua pronta capacidade para acolher a força divina e daimônica"[33], justificativa ao processo

---

[30] Dividindo a história humana em ondas, a primeira foi *agricultura* (até o final do século XIX), a segunda onda, *industrialização* (final do século XIX até os anos 80), e a terceira onda, *informação* (a partir dos anos 70) (ROBBINS: 2000, p.7).

[31] Tradução livre da Autora.

[32] Margem Bruta – Receita de Vendas menos Compras; Índice de Rotação de Estoques – Relação das Vendas pelo nível de Estoques.

[33] Do grego *daimon* (poder divino, destino, deus, espírito maligno, divindade situada entre os deuses e os humanos) – costuma ser usado no sentido que lhe era atribuído por Sócrates: espírito guardião ou espírito inspirador (N.R.T.) (HILLMAN:2001, p.35).

de identificação dos elementos de conduta que confirmam a existência de representações sociais percebidas pela sociedade e que contribuem para a construção do imaginário coletivo sobre o contador e a Contabilidade.

## 1.2 PROBLEMATIZAÇÃO

O tema aqui proposto conduz a vários questionamentos no que diz respeito à expressão do imaginário coletivo sobre o contador e a Contabilidade. Historicamente comprovado, temos o contador e a própria Contabilidade como instrumentos úteis da sociedade na busca do desenvolvimento socioeconômico, seja no âmbito interno ou externo da economia das nações.

De acordo com Hendriksen & Breda (1999, p.38-52), a Contabilidade e os contadores, desde a antiguidade, já manifestavam preocupação com o seu objeto e objetivo; e da origem, nos moldes que conhecemos e praticamos há cerca de 600 anos (a partir da revolução cultural da Europa), se chega ao "futuro da Contabilidade", que culminaria com os estudos sobre o "Modelo Decisório do Usuário"[34].

A Contabilidade como linguagem universal que se mostrou no processo de expressão dos negócios, e por meio dos contadores, cônscios do papel que lhes cabe, se posiciona na efetividade de suas ações. Numa antecipação do que se chamou globalização, funda-se a Federação Internacional dos Contadores (IFAC) e a Comissão Internacional de Princípios Contábeis (IASC) em 1972.

> • *Submetida, entretanto, a um julgamento por parte de seus usuários, seja em maior ou menor grau, dependendo do ambiente em que está inserida, o contexto em que se encontra a Contabilidade nos leva a formular questões do tipo: quais são as percepções que os usuários da Contabilidade têm dos contadores e da própria Contabilidade? Quais as percepções que os profissionais contábeis têm sobre eles próprios? Quais são os fatores que contribuem para a construção do imaginário coletivo nas representações sociais sobre os contadores e a Contabilidade?*

---

[34] Para maior aprofundamento, ver Objetivos e metodologia da contabilidade. In: IUDÍCIBUS, Sérgio de. *Teoria da contabilidade*. 6ed. São Paulo: Atlas, 2000, p.19-29.

# 2 MARCO TEÓRICO

## 2.1 PERFIL HISTÓRICO

Ramo do conhecimento tão antigo quanto o próprio homem, a Contabilidade, em sua essência, o impeliu a criar dispositivos de registros e processamento de informações como forma de inferir na adaptação e no controle do meio em que vive.

No entanto, vimos ressaltar um ressentimento do seu progresso, frente às mudanças que se sucedem em seu ambiente, resultado de uma avaliação temporal (mais de 8.000 anos)[35] que, a priori, se apresenta como aliada ao seu processo evolutivo; tais transformações são tanto de comportamento dos homens como em seus negócios.

Na relação progresso e tempo, compreende-se o homem como principal protagonista, sendo seus sucessos ou insucessos, modestos ou significativos, dependentes de seu próprio comportamento ou desempenho. Paralelamente, ao longo de sua evolução, a Contabilidade tem contato com homens de atributos voltados à ciência, em sua cultura e espírito, ou de pensamentos investigativos.

A exemplo do próprio Luca Pacioli – primeiro tratadista de Contabilidade e um dos maiores matemáticos de século XV, cuja técnica permanece viva na disseminação das Ciências Contábeis – nomes como Besta, Cerboni, Degrandes, Hendriksen, Littleton, Marchi, Massi, Matessich, May, Miller, Moonitz, Most, Paton, Rossi, Sprouse, entre tantos outros, e no caso brasileiro Eliseu Martins, Francisco D'Auria, Frederico Herrmann Júnior, Hilário

---

[35] Sobre uma avaliação temporal no que tange o Pensamento Contábil, cf., entre outros: ROSS. A. C., *Accounts – old and new*. The Accounting Digest, 1939, p.348-52; PERRY, C., *One of the oldest professions?* Management Accounting, 1996, p.20-21; HENDRIKSEN & BREDA. *Teoria da contabilidade*, 1999, p.41-42; SCHIMIDT, Paulo. *História do pensamento contábil*, 2000, p.15-24.

Franco, Lopes de Sá, Sérgio de Iudícibus, entre outros, de forma igual brilharam e brilham à frente das Ciências Contábeis.

Houve certamente um despertar para a verdadeira essência da Contabilidade muitos séculos depois das suas primeiras manifestações, quando o homem de *Neandertal*[36], por meio de inscrições rupestres, representou suas riquezas ao desenhar animais precedidos de traços indicadores de suas quantidades, demonstrando sua preocupação em identificar quanto caberia a cada um pelo esforço na consecução do alimento; da mesma forma ocorre na relação do *"Homo primitus"*, e na noção do *"Homo economicus"* de Adam Smith[37].

A Contabilidade era como que uma necessidade nata no homem, também registrada na história: "muitos foram os elementos arqueológicos encontrados em grutas e em rochas, no Brasil[38], em Portugal, na França e em outros países" (SÁ:1997, p.20; MOTA & BRAICK:1998, p.3-7).

De seus primórdios ao surgimento das partidas dobradas, a evolução natural da Contabilidade sucede, e ela se posiciona como produto do Renascimento Italiano (HENDRIKSEN & BREDA:1999, p.39). Em meio ao espírito renascentista da Europa, alavancado por uma economia em ascensão e revestida do poderio italiano sobre o comércio do Mediterrâneo, eram criadas as bases para o desenvolvimento do capitalismo privado, conseqüentemente, o desenvolvimento e o crescimento da sociedade como um todo.

Enfim, eram as riquezas que, ao se avolumarem, seguidas das relações de créditos, impulsionavam a técnica contabilística, ainda em sua fase embrionária, em face das necessidades de se registrarem as operações creditícias.

Podemos, contudo, graduar essa evolução, não nos restringindo à importância dos registros das operações de crédito – que ainda hoje nos chamam a atenção, visto o grau de desenvolvimento econômico-social alcançado, alheio às dificuldades inerentes da época – mas sim nos atendo às implicações advindas

---

[36] Subespécie de *Homo sapiens* que viveu durante o paleolítico médio na Europa e no Oriente Médio. Cf. *Nova Enciclopédia Barsa*, São Paulo; *Encyclopaedia Britannica* do Brasil Publicações, 2000, v.7, p.456.

[37] "Para Melis (1950), o século XIII foi o período que marcou o fim da era da Contabilidade antiga e o início da era da Contabilidade moderna" (SCHMIDT:2000, p.23).

[38] BRANDÃO, Alfredo. *A escrita pré-histórica do Brasil*. Rio de Janeiro: Civilização Brasileira, 1937; WALTER, H. V. *A pré-história da região de Lagoa Santa*, Minas Gerais. Belo Horizonte: Tipografia Brasil, s.d.; SANTOS, M. Farinha dos. *Pré-história de Portugal*. 2ed. Lisboa: Verbo, 1972, *apud* SÁ, Antônio Lopes de. *História geral e das doutrinas da contabilidade*. São Paulo: Atlas, 1997.

destes registros. Ao dispor de sistemas de mensuração e escrita, frágeis e impressivos, quando o conhecimento era privilégio de uma minoria, ainda assim reflexo de uma evolução natural, o homem amplia seus cenários e a conseqüente necessidade de controle, mensuração e informação de suas riquezas.

Do movimento arqueológico aos complexos sistemas contábeis que dão suporte à gestão das gigantescas multinacionais, com ramificações em dezenas de países, chegando à rede mundial de Contabilidade na internet *(International Accounting Network)*, a informação contábil rompeu as fronteiras espaciais e temporais, fazendo conhecer a prosperidade por meio das riquezas geradas.

Citando Cleary (2000, p.14), "a conquista da riqueza gera a prosperidade para o povo. Até o território sem liderança pode chegar à ordem, se seu povo tem a prosperidade"; desta forma, das riquezas dependem as nações, a sociedade. Mas o que são as riquezas se não forem identificadas, quantificadas e informadas?

Revestida a riqueza do conceito de patrimônio, Besta (s.d., p.82)[39] define: "chama-se patrimônio o conjunto de valores representativos de direitos e obrigações vinculadas a um ente qualquer, que tenha existência física, quer seja simplesmente econômica a sua existência".

Sob essa visão econômica, o patrimônio se traduz por um conjunto de recursos tangíveis e intangíveis, colocados à disposição de uma entidade, livre de seus ônus e mensurados a valor presente pelos benefícios futuros que é capaz de produzir, ou seja, a expressão de seus ativos que, segundo Sprouse & Moonitz (1962), "representam benefícios futuros esperados, direitos que foram adquiridos pela entidade como resultado de alguma transação corrente ou passada".

Evidenciam-se, desta forma, os ativos, cujo tratamento se posiciona sobre uma questão fundamental: sua identificação, mensuração e informação, no sentido de construir uma visão panorâmica e estratégica das riquezas. Resta a seguinte questão: a quem caberia tal tarefa?

Pensou-se em matemáticos, estatísticos, economistas, advogados, administradores, financistas e outros mais; conclui-se pelos contadores. Mas,

---

[39] BESTA, Fábio. *La ragioneria*. Vol. 1, p.82, *apud* CARVALHO, Carlos de. *Estudos de contabilidade*. 2ed. Vol. 1. São Paulo: Companhia Editora Brasileira, 1915.

por que matemáticos, estatísticos, economistas, advogados, administradores, financistas e tantos outros foram lembrados?

Em estreita relação com outras ciências, temos a Contabilidade e, por conseguinte, deveríamos ter o contador a "dialogar" sobre um processo contra o sectarismo, o que se justifica pela proximidade dos limítrofes de suas ciências. Como trazido por Cerboni[40]:

*"À contabilidade está confiada a delicadíssima tarefa de representar, dia por dia, não só a história da vida patrimonial traduzida em números, mas também o inteiro desenvolvimento dos fenômenos por meio dos quais essa mesma vida se manifesta; nela se tem o espelho veraz e constante dos direitos e obrigações do administrador e dos resultados econômicos de cada exercício. A ela se recorre para se auxiliar a memória e do perfeito conhecimento do passado se tirarem conselhos e normas para o futuro. Enfim, a contabilidade é instrumento essencialíssimo da administração e fonte copiosa de dados estatísticos de grandíssima utilidade para a economia pública e particular."*

Na Contabilidade reside o subsídio à Administração, cuja ciência faz da condução do patrimônio um processo contínuo de implementação de decisões, a partir de informações de suas potencialidades e clarificação de seus resultados, como pondera Riva[41]:

*" A contabilidade abraça a administração, invade-lhe o organismo inteiro, ilumina-a nos seus planos, é guia nos seus atos, e por meio de sábias exposições, acompanhadas de quadros e tabelas, donde emerge clara a linguagem dos algarismos, demonstra e aprecia os resultados finais."*

Neste contexto, corroboram Vicennzo Gitti e Giovanni Massa[42], quanto à Contabilidade, exaltando a atuação na condução dos propósitos da Administração, sem a qual se veriam à deriva, em meio às turbulências naturais da movimentação do patrimônio.

*"A contabilidade é na vida da administração o que a história é na vida dos povos. Se esta relata a vida das nações através dos séculos e com o passado*

---

[40] CERBONI, Giusepe, *apud* CARVALHO, Carlos de. *Estudos de contabilidade*, op. cit., p.16-17.
[41] Idem.
[42] Idem.

*fornece ensinamentos para o futuro, aquela, recordando os fatos acontecidos, analisando os resultados obtidos, indagando as causas que os produziram, nos mostra o caminho que se deve percorrer para alcançar o fim a que a administração se propõe. A contabilidade é, em outras palavras, o espelho do passado, o guia do futuro, a ordem em qualquer ponto da administração, a história e a estatística do patrimônio."*

Em seus trabalhos, Carvalho nos trouxe as citações acima, o que consubstancia a estreiteza das relações entre a Contabilidade e outras ciências, por meio de seus profissionais, como também o fez o Prof. Hilário Franco (1993, p.110-114)[43], ao elencar algumas das relações que passaremos a comentar e descrever em seus pontos principais, como as relações com a Economia Política, Finanças, Administração, Direito, Estatística e a Matemática, às quais acrescentamos a relação com os Métodos Quantitativos e a Informática.

Procurando consolidar essa leitura, buscamos elaborar, nas páginas seguintes, uma discussão sucinta das relações supracitadas.

## RELAÇÕES COM A ECONOMIA POLÍTICA

A palavra *economia* era utilizada na Grécia para designar a administração da casa, do patrimônio particular. Para designar a administração da *pólis* (cidade-estado), era usada a expressão *economia política*[44].

Na definição de Limongi, a Economia Política "estuda diversos aspectos da atividade prática do homem, a saber: a produção, a repartição, a circulação e o consumo da riqueza, em vista de seu melhor aproveitamento e máximo rendimento, e de acordo com a ordem moral e social".

Entretanto, da Contabilidade são extraídas as informações sobre a produção, a repartição, a circulação e o consumo da riqueza, que, consubstanciada em patrimônio, é medida e evidenciada por meio de modelos. Estes se tornarão úteis à sociedade, na busca do desenvolvimento

---

[43] Parte integrante da tese apresentada ao V Congresso Brasileiro de Contabilidade, Belo Horizonte – MG, e aprovada por unanimidade pela Comissão Técnica e pelo Plenário do Conclave. Fundamento Científico da Contabilidade, 11 jul. 1950.

[44] A expressão *economia política* caiu em desuso e voltou a ser empregada a partir do século XVI. No século XX, com o surgimento da Escola Marginalista, caiu novamente em desuso. Nos meios acadêmicos prevaleceu a palavra *economia*. Todavia, nos meios marxistas prefere-se ainda a expressão economia política (GIL:2000, p.23).

econômico, cuja natureza compreende as informações relativas às situações financeira e patrimonial, além da rentabilidade e produtividade.

Conforme afirmado por Martins (2000, p.28-37), são vários os modelos a medir e evidenciar o patrimônio, sendo eles: "Custo Histórico, como base nas transações ocorridas", passando pelo "Custo Corrente, considerado a reposição dos fatores de produção sendo consumidos", "avaliando cada ativo e passivo pelo seu Valor Líquido de Realização" e chegando ao "Valor Presente dos Fluxos de Caixa Futuros".

Em seu cerne, todos esses modelos, como objeto único, assumem o caixa, na tradução do lucro buscado pela ordem econômica, evidenciando desta forma a proximidade da Contabilidade e da Economia, ou da expressão Economia Política, como também enunciado por Franco (1993, p.110):

> "Ambas as ciências têm o mesmo objeto, considerados de pontos de vista diferentes, ou seja, a Economia Política estuda a riqueza à disposição da sociedade em geral, ao passo que a Contabilidade estuda a riqueza em poder das aziendas..."

## RELAÇÕES COM A CIÊNCIA DAS FINANÇAS

A relação com a Ciência das Finanças se aterá aqui às Finanças Públicas, mas os comentários poderiam se estender às finanças de um modo geral. As finanças, ou a Fazenda Nacional, representam, em si, o erário, o tesouro público, que, pela suma importância, mereceu um capítulo específico na promulgação da Constituição de 1988[45], por "tratar-se do controle do dinheiro do povo, num Estado que se pretende democrático" (DUARTE:1991, p.168).

O Estado, no desempenho de suas atividades políticas, sociais, econômicas, administrativas, entre outras que constituem sua finalidade precípua, necessita promover a busca de meios materiais à consecução de seus objetivos para que possa prestar os serviços de interesse geral que lhe são atribuídos. A consecução desses recursos, cuja natureza é de ordem patrimonial, denomina-se atividade financeira do Estado, ou seja, sua atividade de finanças.

Neste contexto, Massi, *apud* Franco (1993, p.111) afirma: "a Ciência das Finanças é fundamentalmente a doutrina dos tributos". Por meio dela

---

[45] Seção 1, Normas Gerais, Artigo 163, item 1 da *Constituição da República Federativa do Brasil*.

são estabelecidas as normas para as atividades financeiras do Estado, cuja pauta se dá pelo orçamento, nitidamente encerrado por princípios contábeis.

Na Contabilidade Pública, a Ciência das Finanças se justifica no subsídio advindo de informações relativas à realização das receitas e das despesas, o que permitirá a previsão para os exercícios futuros, um dos componentes e tarefa das mais importantes no objetivo da Contabilidade.

## RELAÇÕES COM A ECONOMIA AZIENDAL

Para Franco (1993, p.111), "a Economia Aziendal é o ramo das ciências econômicas que mais estreitas relações mantém com a Contabilidade, havendo mesmo quem subordine esta àquela e quem confunda os seus objetivos".

Por azienda entende-se a "célula social onde o homem desenvolve atividades para a satisfação de suas necessidades" (SÁ:1997, p.97); a riqueza – inserida nessa célula, revestida do conceito de patrimônio, à disposição da administração, ou seja, as entidades em razão de objeto na Economia Aziendal, geridas em seus aspectos financeiros, econômicos, administrativos e em sua organização. A riqueza necessita, para tanto, das informações da Contabilidade, o que equivale a dizer: "se há subordinação entre essas duas ciências, é da Economia Aziendal para com a Contabilidade e não desta para aquela" (FRANCO:1993, p.111).

## RELAÇÕES COM A CIÊNCIA DA ADMINISTRAÇÃO

A Economia Aziendal é alimentada pela ciência da Administração quanto às normas que irão pautar a condução dos negócios no aparato do patrimônio em questão. Pela Contabilidade, contudo, serão "contados" os resultados obtidos pela administração em virtude da aplicação dessas normas, cuja responsabilidade é disponibilizar o "balanço" da gestão, no qual os efeitos se farão transparentes e evidenciados, via Relatórios Contábeis.

Entre outros usuários a Contabilidade é "feita" para os gestores do Patrimônio e, de acordo com Martins (1989, p.1), "é claro que, não raro, o contabilista se encontra também no papel de gestor, de investidor etc., mas é fundamental dividir-se os papéis".

Para Hermmann Jr. (1970, p.29),

> "a Contabilidade não se confunde, nem com a organização, nem com a gestão. Cabe-lhe estudar as operações aziendais, isto é, os fatos somente em seus efeitos sobre o patrimônio. Todavia, como técnica de observação dos fatos contábeis, a Contabilidade não prescinde de ajustar-se à organização e à técnica da gestão peculiares a cada azienda".

## RELAÇÕES COM O DIREITO

A permear o universo da Contabilidade, inquestionavelmente, há o Direito, quando da utilização de princípios na determinação dos direitos e obrigações que constituem o patrimônio, objeto da Contabilidade. A própria noção de patrimônio, que não se constitui somente de bens reais, mas de direitos e obrigações[46], encerra a idéia predominantemente econômica e subsidiariamente jurídica.

Por outro lado, há as relações comerciais que, por si só, implicam normas do Direito Comercial, Tributário, Civil, enfim, as relações de direito que envolvem, de forma natural, a sociedade. Neste contexto, afirma Franco (1993, p.111):

> "O Direito é o conjunto de normas e princípios que regulam as atividades do homem na sociedade. A Contabilidade estuda os fenômenos patrimoniais oriundos da atividade do homem nas aziendas, atividades que repercutem externamente nas relações entre diversas aziendas."

O Direito, no entanto, no que tange ao patrimônio, concentrará sua atenção do ponto de vista da harmonia social, enquanto a Contabilidade, do ponto de vista de seu valor econômico. Sob ambos os pontos de vista, um não se vincula necessariamente ao outro, pois nem todas as relações de Direito correspondem a fatos contábeis e nem todos os fatos contábeis geram relações jurídicas novas, vislumbrando desta forma somente a natureza de suas relações que passa por um processo fundamentalmente formal.

---

[46] Por definição de patrimônio, como conjunto de bens, direitos e obrigações, leia-se recursos tangíveis e intangíveis à disposição da entidade, livre de seus ônus, mensurados a valor presente pelos benefícios futuros capaz de produzir.

## RELAÇÕES COM A ESTATÍSTICA

Para Franco (1993, p.112), "a conta é uma demonstração estatística da mesma natureza, (...) pois não tem outra função senão a de reunir grupos da mesma natureza".

Quantificar acontecimentos, aliado à sua qualificação e registro, assegura o mecanismo dos sistemas de informação que, segundo Bio (1985, p.25), "é um subsistema do sistema empresa...", pelo qual se primam as organizações, aliados aos outros sistemas que dele fazem parte[47], como também inegavelmente e, com propriedade, a Contabilidade.

Para Gil (1990, p.13): "sistema é um conjunto de elementos interdependentes que interagem na consecução de um objetivo comum". Sendo os sistemas alimentados por dados, consubstanciados em números, estes somente se justificarão quando de sua utilização para melhor gerir a riqueza, ou seja, quando se tornarem informação.

A Estatística, ao recolher e confrontar os fatos, por semelhança de procedimentos, se aproxima da Contabilidade e, como dito por Massi, *apud* Franco (1993, p.113): "a Contabilidade serve-se às vezes de método estatístico para seus registros, mas se reserva, assim como qualquer outra ciência, a interpretação dos resultados", ou seja, sua transformação em informação.

## RELAÇÕES COM A MATEMÁTICA

Tão grande é a estreiteza das relações da Matemática com a Contabilidade que, no senso comum, muitas são as circunstâncias em que são consideradas uma como ramo da outra. A Contabilidade faz uso de princípios matemáticos, entre os quais o mais comum é a própria equação patrimonial e a noção de rédito[48], bem como os fatos contábeis que produzem, no patrimônio, resultados matematicamente certos, no resguardo de que o conjunto dos fatos é influenciado pela ação humana implementada sobre o patrimônio.

---

[47] Sobre os sistemas do sistema empresa, ver CATELLI, Armando (Coord.). *Controladoria – uma abordagem da gestão econômica*. GECON. São Paulo: Atlas, 2002.

[48] Equação Patrimonial: Ativo = Passivo + Patrimônio Líquido. Rédito – soma algébrica das variações positivas e negativas dos patrimônios, quando aquelas superam estas.

*"Se em Contabilidade considerássemos apenas as quantidades, ela seria uma ciência abstrata, um ramo da matemática. A Contabilidade, entretanto, estuda os fenômenos patrimoniais quantitativamente considerados..." (FRANCO:1993, p. 113).*

Da Matemática (bem como da Estatística) serão trazidas técnicas que irão compor o instrumental para propiciar a otimização da informação a ser produzida na Contabilidade, tornando possível a resolução de muitos dos problemas, não somente da Contabilidade, mas também das organizações propriamente ditas.

## RELAÇÕES COM MÉTODOS QUANTITATIVOS

Inquestionavelmente, e com veracidade, presenciamos nas últimas décadas a crescente tendência para a utilização de métodos quantitativos em meio ao emaranhado dos negócios nas organizações, na urgência de obter respostas mais ágeis e adequadas, e mesmo na formulação da própria teoria contábil (trabalho de Matessich, *Accounting and analytical methods*, de 1964).

De forma geral, as organizações vêm vivenciando processos contínuos, revestidos de um volume de transações, em que não mais se pronuncia o substantivo fronteira, em desuso. Seja de seus negócios, de suas relações sociais, trabalhistas, econômicas, enfim, em toda sua extensão, nesse "céu aberto" impera a competitividade, traduzida por revelação de tendências, administração de custos de forma sistêmica e conceito de universalidade de negócio, passando pela criação de cenários.

Exemplificando, para Iudícibus (2000, p.332), na Contabilidade, os Métodos Quantitativos podem ser úteis nos seguintes tópicos e assuntos:

> *"no tratamento de grande massa de dados, na pesquisa indutiva em Contabilidade; na formulação de modelos preditivos de comportamento de custos, receitas, despesas e resultados: em certos problemas de alocações de custos e transferências interdivisionais, intersetoriais e interempresariais; nas formulações orçamentárias com distribuições probabilísticas; e em decisões de otimização de resultado ou minimização de custos".*

Lembrando que o sucesso do processo gerencial se traduz por decisões que conduzam à otimização dos resultados e/ou à minimização dos custos, e disto não pode prescindir a Contabilidade, torna-se óbvia a necessidade de um posicionamento seguro e objetivo quanto às informações por ela geradas.

Neste sentido, também Figueiredo & Moura (2001, p.53) lembram que o uso de métodos quantitativos, bem como as técnicas da matemática, "(...) levam a Contabilidade para mais perto da objetividade, diminuindo, ou mesmo eliminando, possíveis desvios na evidenciação de eventos econômicos que necessitariam julgamentos subjetivos para serem reportados".

Sendo este um dos mais sérios e reclamados problemas pelos quais se sentem afligidos os usuários da Contabilidade – uma vez que os contadores se acostumaram a se resguardar por princípios pautados por uma objetividade inconteste – tem-se, na utilização dos Métodos Quantitativos, um aliado junto ao papel de fornecedor de informações no processo decisório estratégico que rege as organizações na modernidade.

Neste contexto estariam os Métodos Quantitativos contribuindo para a objetividade da qual se ressente a Contabilidade, no seu propósito de utilidade e relevância para a tomada de decisões, e, em contrapartida, os Métodos Quantitativos seriam subsidiados por estes mesmos dados, na hipótese de se tornarem úteis, na especialidade que pretendem sustentar.

## RELAÇÕES COM A INFORMÁTICA

Semelhante à aplicação de Métodos Quantitativos no processo contábil, e talvez com maior ênfase, firma-se a interatividade das organizações, situação somente possível graças à grande velocidade que se deu no desenvolvimento da tecnologia, revestida pelo avanço computacional (*hardware* e *software*).

As organizações se modificaram e, num processo crescente e veloz, ainda se vêem em meio às trepidações do cenário em formação, esboçado no novo ambiente onde elas "acontecem", e cuja interação é inevitável: gestores, colaboradores, parceiros, clientes, áreas de conhecimento, todos no mesmo arcabouço, como partícipes de uma revolução comportamental e interativa.

A Contabilidade, inserida neste cenário, sofre e cresce com o impacto das trepidações, haja vista a disseminação de novas abordagens e sistemas, a exemplo de métodos como o da Gestão Econômica[49], frente aos desafios do Sistema Contábil Gerencial e da Contabilidade Financeira.

---

[49] Sobre o método da Gestão Econômica, ver CATELLI, Armando (Coord.). *Controladoria – uma abordem da gestão econômica*, op. cit.

Frente às novas abordagens e sistemas, contudo, criam-se oportunidades. Para Peleias (2001, p.39-55), por exemplo, os impactos causados por este cenário, em um sistema integrado, baseado na filosofia *Enterprise Resources Planning (ERP)*[50], se transformam em possibilidades para a Contabilidade e os contadores, permitindo-lhes posicionamento adequado no ambiente empresarial.

Ao discutir os desafios para uma Contabilidade interativa, Catelli & Santos (2001, p.24-41) ressaltam a restrição feita à Contabilidade Financeira por não expressar a realidade das empresas, como as da nova economia no mercado de capitais. Ao mesmo tempo, são comentadas as oportunidades que se abrem com a divulgação de demonstrações mediante recursos de linguagem da internet, recursos estes baseados em projetos desenvolvidos por entidades reguladoras, particularmente pelo *International Accounting Standards Committee (IASC)*, dada a importância e complexidade dos interesses envolvidos. Neste sentido comentam:

> *"a velocidade, o dinamismo e os recursos tecnológicos da internet, desde que utilizados pela Contabilidade Financeira, como ora estimulado pelos projetos de diversos órgãos normativos e por muitas empresas, conduzirá muito provavelmente a uma reaproximação entre a prática contábil financeira, a Teoria Contábil, a prática gerencial e o mercado de capitais"* (CATELLI & SANTOS:2001, p.39).

Ressaltado o inevitável, ou seja, a reaproximação entre a prática contábil financeira, a Teoria Contábil, a prática gerencial e o mercado de capitais, surge a interatividade, que, como "novo", exige novas posturas, acarretando mudanças por soluções criativas, posição que se destaca frente a uma realidade, objetivada por uma demanda multidisciplinar.

Constata-se, assim, quão estreito é o caminho que nos leva a conhecer a riqueza, pois a ela se atribui um compêndio de aparatos, consubstanciado no que chamamos de patrimônio.

Não obstante, algumas correntes doutrinárias atribuíram como objeto da Contabilidade as relações jurídicas, as contas, o controle da azienda, a

---

[50] *Enterprise Ressources Planning (ERP)* – Em português, Planejamento dos Recursos Empresariais. Solução em processamento eletrônico de dados voltada para o atendimento das necessidades operacionais das empresas.

administração aziendal e o patrimônio – as doutrinas denominadas, respectivamente, personalismo, contismo, controlismo, aziendalismo e patrimonialismo – situação que possivelmente contribuiu para a lembrança dos profissionais já citados; como mencionado por Franco (1993, p.9):

> *"escudado nos ensinamentos dos mais conceituados mestres da atualidade, aceitamos como objeto único e exclusivo da Contabilidade o patrimônio, objeto que dá ao estudo da Contabilidade, sobre sua composição e variações, caráter científico de conhecimentos ordenados que investigam as causas os fenômenos."*

Se o objeto único e exclusivo da Contabilidade é o patrimônio, as riquezas aqui referendadas, pelas quais se imputam aos estudiosos e profissionais da Contabilidade a aptidão às respostas e anseios formulados por seus detentores – identificá-lo, mensurá-lo e divulgá-lo –, por outro lado, Iudícibus & Carvalho (2001, p.9) recordam que:

> *"a Contabilidade precisa, no fundo, voltar ao que era, quando dominava o campo do conhecimento econômico-comercial. Obviamente, não desejando eliminar os progressos da especialização. Mas, não podendo esquecer da sua nobre origem, quando os contadores eram, de fato, os economistas, administradores, financistas, juristas (além de contadores), ao mesmo tempo, das entidades."*

Segundo eles, são os economistas, administradores, financistas, juristas, nossos "descendentes" que cresceram, assumiram identidade própria e, neste processo, o que de grave teria ocorrido foi terem os contadores perdido em parte sua identidade, quando, renunciando ao conhecimento mais amplo da atividade econômica, enclausuram-se nas estreitas salas do artificialismo fiscal e do conservadorismo contábil. Assim, se esquecem dos eventos recentes e desprezam seus resultados no futuro.

Apesar de um tardio processo no despertar da verdadeira essência da Contabilidade, ou seja, as informações sobre a movimentação das riquezas, aqui traduzidas em patrimônio, para a tomada de decisões e a inquestionável contribuição de seus estudiosos, deparamos com a constatação de que, ao se buscar referências bibliográficas em Contabilidade, tem-se à disposição um respeitável manancial de tratados, sob ênfase jurídico/normativa[51], o que, devido à natureza da própria abordagem, inibe a filosofia e os objetivos da Contabilidade.

Tais publicações, apoiadas numa posição, não raro, de demonstração de patrimônio, em atendimento às normas e leis fiscais, fazem "circular" uma Contabilidade consubstanciada à luz desses tratados, sem que o benefício da crítica seja exercido, contrapondo-se assim a sua essência, ou seja, o patrimônio demonstrado independentemente de seus donos ou interesses.

Reflexões são necessárias. Por estarmos vivendo em meio a uma revolução informacional, caíram as fronteiras e com elas suas variáveis. Agora são as riquezas – há pouco delineadas em continentes, países, cidades pequenas, médias ou grandes – que, de modo enfático, se apresentam para serem identificadas, mensuradas e informadas, na sustentação de seu posicionamento no cenário unificado.

## 2.1.1 MÚLTIPLOS FOCOS DO CONTADOR

Quando se trata da riqueza, inerente é a atenção despendida ao resultado positivo de seu movimento, o lucro, que se reverterá na própria riqueza, em um processo simbiótico de prefeita conversão aos interesses de seus detentores, e que, em termos de preservação, é assim entendido por Hicks (1946, p.172): "lucro é o valor máximo que uma entidade pode consumir durante o período e estar tão bem como no início"[52]. Hendriksen & Breda (1999, p.183) corroboram: "é o excedente após a manutenção do bem-estar, mas antes do consumo".

O bem-estar, neste contexto, somente se fará conhecido pelo processo de quantificação, de "contagem". Partindo da premissa da racionalidade do ser humano, o "contar" lhe é intrínseco, conseqüentemente, desde seu aparecimento, o homem "conta". "Como tudo é suscetível de ser contado, tudo pode ser contado"[53] (SILVA:1959, p.4).

---

[51] Em relação à bibliografia jurídico-normativa, no Brasil, segundo levantamento feito por esta Autora junto às editoras de maior representatividade em publicações técnicas na área de Contabilidade, de 395 publicações, somente quatro tratam da Teoria da Contabilidade. Na língua inglesa, segundo FREZATTI, Fábio, e BORBA, José Alonso, das publicações de revistas científicas na área de Contabilidade, as que têm por quesito foco profissional, teórico e empírico apresentaram distribuição relativamente equilibrada entre os três. Caderno de Estudos FIPECAFI, Vol. 13, jul.-dez. 2000, p.50-57. Análise dos Traços de Tendência de uma Amostra das Revistas Científicas da Área de Contabilidade Publicadas na Língua Inglesa.

[52] Tradução livre da Autora.

[53] SILVA, F. V. Gonçalves da. *Doutrinas contabilísticas*. Centro gráfico de famalição. 1959, p.86, apud MONTEIRO, Martin Noel. *A conta – origem, evolução, conceituação*, Boletim 11. Centro de Estudos de História da Contabilidade. Portugal, 2001, p.4.

O exercício da Contabilidade, entretanto, vai além do "contar", embora se perceba um imaginário referendando à Contabilidade este papel simplificado. Sendo um pressuposto pelo qual se verifica uma associação que pulveriza a habilitação da grandeza e importância da identificação, mensuração e informação sobre as riquezas nas células sociais, o procedimento de "contar" leva assim, muitas vezes, a um panorama em que os números contados divergem da realidade percebida.

Do "contar" resulta a "conta" que, segundo Deschamps[54], "é o <u>registro metódico</u>[55] das operações relativas a um mesmo valor ou efetuadas com uma mesma pessoa" – posição contrária às Ciências Contábeis, que, ao lançarem mão dela, a transformam em informação pelo raciocínio científico da descoberta de suas causas e conseqüentes efeitos.

Presente na sociedade, a Contabilidade não se reporta a um passado próximo, mas, como sabido, discutido e comprovado, se faz presente desde seus primórdios, e mais do que nunca, hoje, quando as riquezas romperam barreiras, no delinear de uma economia global. Para Hillman (2001, p.18),

*"a economia é nossa teologia contemporânea, independente da nossa maneira de passar o domingo. A economia é o único culto sincrético efetivo no mundo de hoje, a única fé ecumênica. Ela oferece o ritual diário, unindo cristão, hinduísta, mórmon, ateu, budista, skhi, adventista, animista, evangélico, muçulmano, judeu, fundamentalista e adepto da Nova Era no mesmo templo, que a todos admite, o banco suíço do qual os vendilhões não foram expulsos".*

Sendo a Contabilidade manancial para a Economia, na vivência e convivência com a mundialização de seus efeitos, numa economia globalizada vale "o valor informado"; quanto a cada um "cabe" ou "pesa" no entorno da Economia, do bem-estar social, ou do crescimento pessoal do indivíduo ou das nações.

Valor oriundo do trabalho do contador, a informação, respaldada por um processo de conhecimento, preparo, técnica, criatividade, percepção, ética e compromisso, se ressente na identificação de um hiato entre este perfil desejado e o pseudodogmatismo estabelecido em países, a exemplo do Brasil, em que o nascedouro da Contabilidade se deu por um processo normatista,

---

[54] DESCHAMPS, apud DUMARCHEY, J. *Teoria positiva da contabilidade*. Versão de Guilherme Rosa. *Revista de Contabilidade e Comércio*. Porto, 1933, p.17.

[55] Grifos da Autora.

ressentimento que na década passada já era identificado, e alertado por Iudícibus (1990, p.6): "na vivência das empresas de vanguarda, pouca importância têm as defesas corporativistas que as várias profissões conseguem assumir. Na empresa moderna vale mais quem tem mais a oferecer...".

Favorecendo uma visão legalista que se fez cultura, e no deságüe de alusões do tipo "utopias contábeis", a normatização, do ponto de vista hermético, como comentado pelos Professores Iudícibus & Carvalho (2001, p.3), faz da Contabilidade um processo distante do que comumente se traduz como Contabilidade na realidade do dia-a-dia dos negócios.

> "A falta de 'desobediência intelectual' – ou a falta de pelo menos um 'inconformismo criativo' perante as normas faz com que a qualidade destas não melhore em relevância e abrangência, pela tristemente freqüente falta de preocupação em unir a norma ao princípio que deveria inspirá-la."

Nessa mesma linha, ao buscar princípios e normas que "sustentariam" a Contabilidade, a tônica caberia à "essência sobre a forma" e nunca o contrário. Neste sentido se posicionam Hendriksen & Van Breda (1999, p.72):

> "conceitos amplos, sejam eles chamados de princípios, postulados ou padrões, fazem, necessariamente, parte da Contabilidade. Não obstante, jamais se pode esquecer que, como ciência social, a Contabilidade depende da sabedoria, do julgamento e da integridade dos contadores."

John Maynard Keynes, o mais influente economista do século XX, disse, citando Hillman (2001, p.34): "Os homens práticos geralmente são escravos de algum economista morto"; este último também replica: "implícito está que as idéias precisam ser libertadas, nascer de novo, caso contrário não apenas estarão mortas como se tornarão enganosas".

Citando o *bottom line*[56], afirma ser este um exemplo de idéia que cada vez mais mostra sua rigidez cadavérica, embora continue contando com a adesão dos homens práticos.

Lembra Hillman que não se pode esquecer – é um psicanalista, e não um contador, que:

---

[56] *Bottom line* – expressão, em inglês, para designar a linha final da DRE (Demonstração do Resultado do Exercício); o resultado líquido da DRE.

*"tanto a Contabilidade Holística quanto as evidências do cotidiano mostram que custos como despoluição, esgotamento de recursos naturais, depósitos judiciais e proteção à propriedade – isto é, todos os efeitos colaterais para a sociedade do lucro do setor privado – se tornam o fardo do setor público."*

Como alguém precisa assumir o erro, neste caso pagar a conta, o reflexo passa por uma maior carga tributária, como também é ressaltado por Hillman (2001, p.34), que se manifesta de forma imperativa:

"Os impostos mais altos advirão inevitavelmente da lucratividade mais alta. Os impostos são um dos tributos lançados sobre os escravos devotos de uma idéia econômica morta, a de *bottom line*."

Acredita-se, no entanto, não residir no *bottom line* o problema, uma vez tratar-se de uma nomenclatura, mas sim em como se "chega" ao *bottom line*.

Numa visão normatista, que já se comentou, o turvamento desse número passa por um decantamento, via tributação elevada que a princípio cobrirá os custos nele não computados. Resolvida a questão dos números, que no final passariam a expressar o resultado mais próximo de uma movimentação de riqueza, embora com distorção de *disclosure*[57], se chega ao que se convencionou denominar *true and fair view*[58], no resguardo aos muitos focos do contador, cujas especialidades se acumulam na trajetória de sua ciência.

Na contemporaneidade dos dias vividos, as especialidades que mais se vêem presentes no mercado passam por profissionais na área de Análise Contábil, Custos, Auditoria, Perícia, Controladoria, Informática Aplicada e Contabilidade Gerencial.

---

[57] Para Sérgio de Iudícibus, *disclosure* está ligado diretamente aos objetivos da Contabilidade, ao garantir informações diferenciadas para os vários tipos de usuários. *Teoria da contabilidade.* São Paulo: Atlas, 2000, p.116. O *Accounting Reserarch Study* nº 1, editado pelo *AICPA*, em 1961, p.50, estabelece: "os demonstrativos contábeis deveriam evidenciar o que for necessário, a fim de não torná-los enganosos". Trad. IUDÍCIBUS, Sérgio de.

Em KIESO, Donald E.; WEYGANDT, Jerry J. *Intermediate accounting*, 9ed. 1998, p.216-222, ressalta-se que *disclosures* são evidenciações de eventos que ocorrem depois do balanço, mas antes da publicação dos demonstrativos financeiros. Evidencia-se também "*Disclosure* para políticas contábeis", *Opinions of the Accounting Principles Board nº 22* (N.Y., AICPA, 1972, "*Disclosure* para um número significativo de riscos e incertezas". *Statement of Position 94-6.* N.Y., AICPA, 1994).

[58] *True and fair view* – expressão inglesa: *"visão justa e verdadeira"* – exigida nas demonstrações financeiras inglesas a partir de 1948, ainda que, para isso, fossem necessárias informações adicionais àquelas exigidas pela lei.

Mais recentemente vem sendo discutida e implementada a Contabilidade Aplicada ao Meio Ambiente Natural[59], a Contabilidade dos Recursos Humanos (Capital Intelectual), Contabilidade Social, Internacional, Sistemática de Reconhecimento dos Efeitos da Inflação de Derivativos, num movimento sincrônico de aplicação das Redes Neurais[60] à Contabilidade.

Em toda extensão de suas especialidades tem-se o contador, focado na maximização da utilidade da informação contábil, seja ela dirigida ao usuário interno ou externo (com as peculiaridades que a cada um lhe cabe).

A Contabilidade não está restrita a uma condição (*status quo*) ou mesmo à condiação de seus profissionais; do ponto de vista político, econômico e social, como dito por Martins (1989, p.7), "a Contabilidade vale por sua capacidade de prover o usuário a tempo, com informação correta e útil", o que significa dizer, multiplicidade de ações, que buscam em seu usuário elementos que o subsidiarão no comando do processo de identificação, mensuração e informação de suas riquezas. Como já mencionado, traduzidas em patrimônio, as riquezas se reverterão e impactarão a sociedade, seja pelos resultados da Contabilidade Gerencial ou da Contabilidade Financeira, cujo propósito é distinto[61].

## 2.2 A SIMBÓLICA NA CONTABIDADE

### 2.2.1 SÍMBOLOS

Na história contemporânea do homem, a tônica paira ainda sobre investigações de sua natureza: pesquisas se avolumam quanto às suas funções conscientes, num ritmo freneticamente descompassado quanto à sua essência.

---

[59] Em resposta à necessidade de identificação, mensuração e divulgação do Sistema de Gestão Ambiental de acordo com as normas da série ISO 14.000, que comumente está sendo denominada Contabilidade Ambiental. Atualmente temos a série ISO 14.001, em que para obtenção e manutenção do certificado são necessários investimentos consideráveis em equipamentos, mão-de-obra especializada, consultorias, por exemplo.

[60] O conceito de Redes Neurais foi desenvolvido na década de 40, pelo neurofisiologista Warren McCulloch, do *Massachusetts Institute Of Technology, MIT*, e pelo matemático Walter Pitts, que, dentro de um espírito cibernético, fizeram uma analogia entre as células nervosas vivas e o processo eletrônico. YURI & YURI (1999). A partir da publicação de seu clássico artigo, em 1943, eles descrevem um cálculo lógico das redes neurais que unificava os estudos de neurofisiologia e da lógica matemática, e tal foi seu significado que com ele é geralmente aceito o nascimento das disciplinas de Redes Neurais e Inteligência Artificial (HAYKIN:2001, p.63; TATIBANA & KAETSU:2002).

[61] Para Atkinson et al. (2000, p.38) a Contabilidade Financeira "reporta o desempenho passado às partes externas; contratos com proprietários e credores"; a Contabilidade Gerencial "informa decisões internas tomadas pelos funcionários e gerentes; *feedback* e controle sobre desempenho operacional; contratos com proprietários e credores".

O homem, no entanto, é corpo e alma, matéria e espírito. A ciência especificou a matéria como suas propriedades físicas e seus aspectos, e, por espírito traduziu como o intelecto, desprovendo-o assim de suas imagens primitivas: "'matéria' – a Mãe Grande – que podia conter e expressar todo o profundo sentido emocional da Mãe Terra, 'espírito' – o Pai de Todos" (JUNG:2001, p.95).

De grande valor psíquico para o homem, estes elementos, agora, não passam de meros conceitos abstratos e que, conseqüentemente, promoveram ruptura entre a natureza da qual fazem parte e sua "identificação emocional inconsciente" com os fenômenos naturais. Essa perda tende a ser compensada pelo "estabelecimento" dos símbolos e por meio de sua simbólica, e sobre isso Jung (2001, p.20) escreve:

> "o que chamamos de símbolo é um termo, um nome ou mesmo uma imagem que nos pode ser familiar na vida diária, embora possua conotações especiais além do seu significado evidente e convencional. Implica alguma coisa vaga, desconhecida ou oculta para nós".

Por este prisma, a palavra ou a imagem são símbolos quando expressarem alguma coisa além do seu significado manifesto e imediato e são erguidos mais por tradição, por costume do que obrigação, excetuando-se os símbolos que integram um complexo interpretativo como os idiomas e os teoremas.

Por meio dos símbolos serão expressas as coisas que se encontram fora do alcance da compreensão humana, o que torna possível conviver com a consciência de nossa limitação.

Deles são extraídos os elementos importantes à edificação da sociedade humana, como também por eles são demarcadas as posições na sociedade. Sua função consiste em centrar o homem quanto às suas idéias numinosas[62], na vertente de seus destinos.

Os símbolos se dividem em símbolos *naturais* e símbolos *culturais* (JUNG:2001, p.93), sendo os naturais constituídos dos conteúdos inconscientes da psique, o que representa um imenso número de variações de imagens arquetípicas essenciais, por serem elas os conteúdos do inconsciente coletivo[63].

---

[62] Numinosas – do adj. numinoso, que na filosofia da religião de R. Otto, diz do estado religioso da alma inspirado pelas qualidades transcendentais da divindade. *Dicionário básico da língua portuguesa – Folha/Aurélio* (FERREIRA, 1995).

[63] Sobre imagens arquetípicas e inconsciente coletivo será tratado com detalhes no tópico "Inconsciente coletivo como pretexto ao imaginário coletivo" deste trabalho.

Em *Símbolos da transformação* (1912), Jung fala pela primeira vez do conceito de arquétipo, ao discorrer sobre as *imagens primordiais* para designar os motivos dos mitos, lendas e contos de fada que caracterizam modalidades universais de percepção de comportamentos humanos.

Os símbolos culturais, por outro lado, são os empregados no intuito de expressar *verdades eternas* e, por isso, são muito utilizados em várias religiões. De extrema relevância junto ao comportamento dos homens, os símbolos culturais se constituem em elementos importantes da estrutura mental e forças vitais na edificação da sociedade humana.

Por meio dos símbolos é também demarcada a grandiosidade das convicções dos seres humanos, razão pela qual os ostentam. Sejam eles oriundos de crenças de ordem espiritual ou material, similar é seu posicionamento quanto à intelectualidade das ciências, motivo pelo qual são edificados e se fazem presentes em todas elas.

Das Ciências Contábeis, pode-se resgatar como elementos simbólicos que compõem esse universo de referência: o anel, o caduceu e seu patrono, São Mateus[64]. A existência desses elementos serve como uma demonstração da simbologia que encerra a ciência e as alusões às origens da sociedade ocidental que se fazem lembradas em seu exercício e comprometimento.

### 2.2.1.1 - O ANEL

O anel serve essencialmente para indicar um elo, um vínculo, e assim ele aparece como o signo de uma aliança, de um voto, de uma comunidade, de um destino associado. Forte em sua expressão, é tomado em simbologia às relações humanas, tanto do plano espiritual como temporal. Ambivalente,

Figura 1 - O anel (do contador)

---

[64] Dados originais no site do CRCMG – Conselho Regional de Contabilidade de Minas Gerais, <www.crcmg.org>. Acesso: abr. 2002.

"o anel une e isola ao mesmo tempo, fazendo lembrar a relação dialética amo-escravo" (CHEVALIER & GHEERBRANT:2001, p.53).

O elo e o vínculo estabelecido pela simbologia do anel, em todos os níveis de interpretação, se relacionam ao cinto[65], que também ressalta em seu simbólico a mesma ambivalência: "ao religar (atar, ligar bem) tranqüiliza, conforta, dá força e poder; e ao ligar (apertar, prender), ele leva, em troca, à submissão, à dependência e, portanto, à restrição – escolhida ou imposta – da liberdade" (CHEVALIER & GHEERBRANT:2001, p.245).

Do falconeiro, ao aprisionar com uma argola o falcão (que, a partir desse instante, não caçará senão para ele, como o Abade, substituto da divindade, que ao colocar o anel nupcial no dedo da noviça a torna a esposa mística de Deus, a serva do Senhor), à celebração dos casamentos, em que os noivos trocam alianças (anéis), conforme suas tradições, à literatura e aos filmes de ficção, como *"O Senhor dos Anéis – a sociedade do anel"* (The lord of the rings – The fellowship the ring), encontra-se aí a expressão de um voto, de um vínculo, de destinos associados.

No plano esotérico, o anel possui poderes mágicos; em numerosos contos, romances, dramas, canções e lendas irlandesas, o anel serve como *meio de reconhecimento:*

> *"Na narrativa da Segunda Batalha de Moytura, uma mulher dos Tuatha Dê Dànann, Eri, filha de Delbaeth (Eri significa Eriu, Irlanda, e Delbaeth é a forma), teve uma aventura amorosa com um desconhecido, que chegara numa barca maravilhosa. No momento da separação, ele diz o seu nome: Elada (Ciência), filho de Delbaeth (os dois são, portanto, irmãos); entrega à mulher um anel que permitirá ao filho de ambos ser reconhecido pelo pai"* (CHEVALIER & GHEERBRANT:2001, p.55).

Segundo diz a lenda, Salomão devia sua sabedoria a um anel, e pelo poder da sabedoria foi autor de vários feitos, como tornar escravos seus todos os demônios que havia reunido para suas obras divinatórias. Assim, esse anel seria o símbolo do *saber* e do *poder* sobre outros seres.

---

[65] Cinto – materialização de um compromisso, de um juramento, de um voto oferecido, muitas vezes o cinto assume um valor iniciático sacralizante e, materialmente falando, ele se torna um emblema visível, muitas vezes também glorificante, que proclama a força e os poderes dos quais seu portador está investido, tais como as faixas dos judocas nas diferentes cores, os cinturões dos soldados, aos quais estão penduradas suas armas, a faixa do presidente da câmara municipal (na França), e os inúmeros cintos votivos, iniciáticos ou usados nas ocasiões solenes, mencionados nas tradições e ritos de todos os povos (CHEVALIER & GHEERBRANT:2001, p.245-246).

A Contabilidade como ciência, por meio dos contadores, ao eleger um anel na simbologia que lhe cerca a profissão, o fez na clarificação do compromisso que lhe é atribuído pela sociedade.

*"O anel do profissional da Contabilidade simboliza e exterioriza o compromisso, a aliança, da união do profissional com o conhecimento científico contábil, no campo do saber, e sua disposição de aplicá-lo em benefício da comunidade em que vive, engrandecendo, valorizando sua profissão e enaltecendo sua pátria"* (CONSELHO REGIONAL DE CONTABILIDADE DO ESTADO DE MINAS GERAIS – CRCMG, 1998, p.16).

O anel, em si, explicita a condição dos contadores, traz-lhes a subserviência às normas científicas e a vinculação dos seus comportamentos aos preceitos da ética e da moral. Na condição de "anel e grau", ele identifica uma profissão resultante de estudos, em analogia a outros símbolos, como a aliança na representação de um vínculo matrimonial, ou escudos numa agremiação ou entidade.

Suas características, desde o aparecimento no Brasil (há mais de 50 anos), quando era usado pelos então "peritos contadores", são as seguintes: estrutura em ouro; pedra principal cor de rosa forte (rubislite); ladeando a pedra principal, dois brilhantes, um em cada flanco; em uma lateral, a tábua da lei em platina ou ouro branco; e em outra lateral, o caduceu estilizado em platina ou ouro branco.

A estrutura em ouro advém da composição e classificação do metal como sendo o mais perfeito e precioso dos metais. Em chinês, o mesmo termo, *Kin*, designa ouro e metal, o ouro tem o brilho da luz; na Índia diz-se a *luz mineral*. O ouro-luz é, em geral, o símbolo do *conhecimento*.

Em certos países, nas imagens e na mitologia, a carne dos deuses é feita de ouro, o que também se verifica com os faraós egípcios. Os ícones de Buda são dourados, signo da iluminação e da *perfeição absoluta*, o fundo dos ícones bizantinos – e às vezes também o das imagens budistas – é dourado, reflexo de *luz celeste*. Historicamente foi utilizado na confecção de objetos de joalheria, sendo seu termo empregado de forma figurativa como sinônimo de riqueza material ou mesmo espiritual.

A pedra cor de rosa, ou rubislite, é um silicato hidratado de alumínio, ferro, magnésio e potássio, estruturas hexagonais, classificadas como semipreciosas, e sua cor é a rosada mais forte. O nome rubislite vem da Escócia, do termo *rubislaw*, e foi dado por Heddle, em 1879.

Sua escolha para traduzir as Ciências Contábeis adveio da semelhança com a cor atribuída ao Direito, o Rubi, que segundo Portal, *apud* Chevalier & Cheerbrant (2001, p.791), era considerado, na Antigüidade, emblema de felicidade[66], e adveio também das relações que no início do século existiam entre a Contabilidade e o Direito. Essas circunstâncias redundaram na agregação à simbologia do anel a tábua da lei, de um lado, e do outro, o caduceu[67], influência que perpassou pela era científica e que ainda se impõe por algumas normas pautadas na ciência jurídica.

Para Portal (*apud* CHEVALIER & GHEERBRANT:2001, p.789), tanto a rosa (flor) quanto a cor rosa constituiriam um símbolo de regeneração em virtude do parentesco semântico do latim *rosa* com *ros,* a chuva, o orvalho, ao dizer:

> "A rosa e sua cor eram os símbolos do primeiro grau de regeneração e de iniciação aos mistérios (...). O burro de Apuleio recupera a forma humana, ao comer uma coroa de rosas vermelhas que lhe oferece o supremo sacerdote de Ísis. A roseira é a imagem do regenerado, assim como o orvalho é o símbolo da regeneração."

O advento da classificação dos profissionais da Contabilidade em técnicos em Contabilidade e contadores, aos bacharéis, mestres e doutores, no início da década de 50, deu origem à mudança da cor da pedra, de rosa forte, para um azul forte, bem escuro. A cor azul é "considerada a mais profunda das cores; nele o olhar mergulha sem encontrar qualquer obstáculo, perdendo-se até o infinito, como diante de uma perpétua fuga da cor" (CHEVALIER & GHEERBRANT:2001, p.107).

Podem ser vistas hoje as duas cores, respectivamente, o rosa para os técnicos em Contabilidade e o azul para os bacharéis, observando-se, entretanto, que as preferências têm ditado o uso, e a tradição pesa, ainda, a favor da pedra cor de rosa forte, pois assim era antes da segmentação, quando só havia contadores.

---

[66] "Se ele mudava de cor, era um presságio sinistro, mas ele retomava sua cor púrpura logo que a infelicidade passasse; ele acabava com a tristeza e reprimia a luxúria; ele resistia ao veneno, prevenia contra a peste e desviava os maus pensamentos" (PORS:1837, p.128).

[67] Caduceu – a abordagem sobre o caduceu será feita em item específico neste trabalho.

Presentes na simbologia que encerra a Contabilidade, essas duas cores caracterizam o seu anel; e assim como o ouro, são igualmente revestidas de todo o significado que implica a profissão contábil.

### 2.2.1.2 - O CADUCEU

Caduceu, em grego, significa bastão de arauto[68], e se traduz por mensageiro, porta-voz. Diversas são suas formas e múltiplas suas interpretações, mas elas não se excluem necessariamente. Sabe-se que é um dos símbolos mais antigos, visto sua imagem já se achar gravada na taça do rei Gudea de Lagash desde o ano 2600 a.C., e sobre as tábuas de pedra, denominadas *nagakals*, na Índia.

Figura 2 - O caduceu

Uma de suas formas é apresentada por um bastão, em torno do qual se enrolam, em sentidos inversos, duas serpentes, sugerindo o equilibro dos dois aspectos do símbolo da serpente: à direita e a esquerda, o diurno e noturno, uma vez que esse réptil ctônio é possuidor de duplo aspecto simbólico: um benéfico, outro maléfico, em que o antagonismo e o equilíbrio são representados pelo caduceu.

"Ao enrolar-se em torno do caduceu, as serpentes simbolizam o equilíbrio das tendências contrárias em torno do *axis mundi*, ou seja, do eixo do mundo, o que nos leva a interpretá-lo como símbolo da paz" (BRANDÃO:1995, p.206).

Para Chevalier & Gheerbrant (2001, p.816), ao representar o mundo, universalmente, a serpente "exprime o aspecto terrestre, i.e., a agressividade

---

[68] Arauto – antigo oficial do governo, encarregado de declarar a guerra ou de fazer proclamações. Emissário de um príncipe, encarregado de levar e fazer ouvir as ordens dele. LAROUSSE, Koogan. *Pequeno dicionário enciclopédico Larousse do Brasil.* Rio de Janeiro, 1987.

e a força da manifestação do grande deus das trevas". Por outro lado, sob a forma da Uróboro[69], a circunferência vem completar o centro para sugerir, segundo Nicolau de Cuse, a própria idéia de Deus.

Contudo, sob essa forma, o caduceu aparece como insígnia principal de Hermes[70], deus grego, símbolo do comércio, além de várias outras coisas que mantinha sob seu protetorado. Sua correspondência latina é o deus Mercúrio, denominação romana para Hermes, por ter o sul da Itália, com a queda de Tarento, em 272 a.C, se apossado, ou melhor, ter sido possuído pela cultura grega[71].

Hermes, filho de Zeus, ditador inconteste do Olimpo, ao ser levado da Grécia para Roma, recebeu o nome de Mercúrio, sendo também conhecido como o mensageiro de todos os deuses, em razão de sua grande agilidade e de dispor da máxima confiança de seu pai.

O caduceu era um bastão de ouro que Mercúrio recebera em troca de instrumentos musicais que inventara (a lira e a flauta) e que haviam maravilhado Apolo (que detinha poderes e conhecimentos mágicos e era o titular do caduceu).

Nessa "transação", Mercúrio não só trocou os objetos como exigiu de Apolo que lhe repassasse segredos de magia, notadamente da adivinhação. Mais tarde, de posse do caduceu e tendo aprofundado seus conhecimentos a partir do poder da adivinhação, e usando o capacete de Hades, conseguia tornar-se invisível. Dessa forma, passou a prestar grandes serviços a outros deuses, o que lhe deu também a reputação de ser o mais ocupado de todos os deuses da mitologia.

Mercúrio (Hermes) foi o deus que mais se aproximou dos homens, tendo recebido a alcunha de o menos olímpico dos imortais, título que dividiu com Dionísio e que mereceu a fala de Zeus (Júpiter): "Hermes, tua mais agradável tarefa é ser o companheiro do homem; ouves a quem estimas" (BRANDÃO:1995, p.193)[72].

---

[69] Uróboro – serpente que morde a própria cauda e simboliza um ciclo de evolução encerrando nela mesma, denotando ao mesmo tempo as idéias de movimento, continuidade, autofecundação e, em conseqüência, eterno retorno (CHEVALIER & GHEERBRANT, op. cit., p.922).

[70] Hermes será objeto de análise no item específico "O comércio".

[71] Sobre esta observação, Brandão (1994, p.345) cita Quito Horácio Flaco (poeta latino): "A Grécia vencida venceu o feroz vencedor e introduziu as artes no Lácio inculto".

[72] Cf. Ilíada, c. XXIV, 334.

A conotação de universalidade da Contabilidade, que se encontra vinculada às relações comerciais – e estas como definidoras dos cenários na globalidade que o termo encerra –, fez da Contabilidade Comercial uma das ciências mais importantes durante milênios.

Hermes (Mercúrio) "é o dispensador de bens" (BRANDÃO:1995, p.193)[73], proposição do comércio, o que justifica sua adoção como evocação representativa e do caduceu, representante simbólico desse mesmo deus, como seus símbolos.

> *"O que o caduceu evoca, para os contabilistas, é o respeito à divindade (ainda que mitológica) e a sugestão de que ele possa, tal como o deus Mercúrio, proteger as riquezas com nossa própria sabedoria. Nesse caso, fazemo-nos representantes de Mercúrio ao proteger o comércio (no sentido amplo de todas a atividades, pois o próprio Mercúrio também servia a todos) com a nossa orientação, zelo e uso de uma ética que vai até onde for necessário para defendermos os interesses dos empreendimentos"(CRCMG, 1998, p.14).*

Assim, intrinsecamente ligada às relações comerciais, vê-se na Contabilidade a associação com o deus Hermes, o caduceu e o comércio. No início do século XVII encontramos a primeira obra impressa de Contabilidade Industrial, e os locais onde se ensinava a Contabilidade eram denominados "Escolas de Comércio".

Havia também outras denominações, como: as "Aulas de Comércio", as "Escolas Técnicas de Comércio", a "Escrita Mercantil" e "Livros Comerciais", expressões do Direito que também encerram a simbologia da Contabilidade.

Em Portugal (século XVIII), no início do ensino da Contabilidade, em escolas onde se formavam os contadores que vinham para o Brasil, o processo didático se denominava "Aulas de Comércio", o que, guardadas as devidas proporções, vem prevalecendo com a formação de técnicos em Contabilidade[74].

---

[73] Cf. *Odisséia*, VIII, 335.

[74] A formação de técnico em Contabilidade vem sendo objeto de projetos para sua extinção ou adequação de suas prerrogativas que pouco diferem da formação de contadores. Para verificação das respectivas prerrogativas, ver Decreto-Lei 9.295, de 27 de maio de 1946, artigos 25-26, que cria o Conselho Federal de Contabilidade, define as atribuições do contador e do técnico em Contabilidade.

* Sob o título "O contador não é apenas um técnico em Contabilidade", DREYFUSS (1987) narra sua conversa com um jovem que caracterizou como sendo um rapaz inteligente, de família de bom nível cultural e bem entrosado em seu meio. Esse rapaz se preparava para o vestibular, e ao ser aconselhado a optar pelo curso de Ciências Contábeis, disse: "Mas a gente vai estudar para sair sem diploma universitário?"

Nesse contexto, "o caduceu sugere a responsabilidade de ampla proteção ao patrimônio dos empreendimentos, de modo a ensejar a eficácia das células sociais, e pela soma delas, a felicidade das sociedades humanas" (CRCMG, 1998, p.15-16).

Como tal, o caduceu incorpora e evoca o espírito *hermesiano* de muitos afazeres, cuidados e responsabilidades com seu protetorado, cujo sucesso reside em seus atributos primordiais: astúcia e inventividade (criatividade), domínio sobre as trevas (subjetividade), interesse pelas atividades dos homens (empreendimentos), psicopompia[75] (informações); atributos herdados ou que se fizeram identificados pelos contadores, visto serem os símbolos a aproximação singular de identidade.

### 2.2.1.3 - SÃO MATEUS, O PATRONO DA CONTABILIDADE

Figura 3 - São Mateus

São Mateus, ainda com o nome de Levi, que recebera de seu pai, Alfeu, atuava na área da Contabilidade Pública como rendeiro, isto é, arrendatário de tributos. O exercício da sua profissão exigia rígidos controles, os quais se refletiam na formulação do documentário contábil, sua exibição e revelação.

Ao escriturar e auditar, foi um contador. Por ser publicano (encarregado da arrecadação de impostos), não era bem visto pela sociedade e foi considerado um pecador[76].

Nascido em Cafarnaum, cidade cortada pelas principais estradas da Palestina e considerada ponto de convergência e centro comercial da re-

---

[75] De *Psicopompo* – condutor de almas, tanto do nível telúrico para o ctônio quanto deste para aquele. BRANDÃO, Junito de Souza. *Mitologia grega*, v. II, 6ed. 1995, p.194. Função tradicionalmente atribuída a Hermes no mito grego, pois ele acompanhava as almas dos mortos e era capaz de transitar entre as polaridades (não somente a morte e a vida, mas também a noite e o dia, o céu e a terra). Segundo SAMUELS; SHORTES & PLAUT (1972), no mundo humano, o sacerdote, xamã, feiticeiro e médico são alguns que foram reconhecidos como capazes de preencher a necessidade de orientação e mediação espirituais entre mundos sagrados e seculares.

[76] O excesso de zelo de muitos deles tornou impopular o termo *publicano*. LAROUSSE, Koogan. *Pequeno dicionário enciclopédico Larousse do Brasil*, op. cit.

gião, Mateus se encontrava no centro em que mais se disseminavam as relações comerciais e pela qual Jesus Cristo tinha especial simpatia, tendo nela pregado a sua doutrina.

Em sua peregrinação, Cristo passa diante do telônio de Levi (local onde se efetivava o pagamento dos tributos e trocava-se moeda estrangeira), pára e o chama: "segue-me". Levi, ao ouvir o chamado de Cristo, levanta-se, acompanha o Mestre e abandona seus rentosos negócios, trocando de nome e de vida.

"Diz São Jerônimo que Levi, vendo Nosso Senhor, ficou atraído pelo brilho da divina majestade que fulgurava em seus olhos. Convertendo-se ao Cristianismo, adotou o nome de Mateus, que significa 'o Dom de Deus'" (CRCMG, 1998, p.23).

Mateus, um dos 12 apóstolos de Cristo, é o primeiro dos quatro evangelistas[77]. Antes de sua conversão era o mais rico e também o mais inteligente de todos eles. Escreveu a vida e a doutrina de Jesus Cristo por volta dos anos 50, na língua siro-chaldaico, sendo seu Evangelho considerado o mais completo, correto e o mais lido dos quatro.

Evangelista que anteriormente exercia um ofício que exigia requintes de Contabilidade, escreve Mateus: "Perdoa-nos as nossas dívidas, como nós também perdoamos aos nossos devedores" (Mateus, 6:12)[78]. Eis um paradoxo encontrado na Contabilidade, que encerra os requisitos necessários ao equilíbrio das relações comerciais, naturalmente aí inseridas as dívidas, que tenderão a ser cobradas, e ainda assim, com propriedade, exibe a história de São Mateus, com fortes vínculos alusivos às Ciências Contábeis.

## 2.3 O COMÉRCIO

A história do comércio é a história dos esforços do homem para aumentar sua prosperidade por meio de uma produção indireta, em vez de uma direta. No mais primitivo estágio da sociedade que podemos conceber, o homem obtinha ou produzia diretamente as coisas para ele mesmo, aquilo que desejava; não havia troca[79].

---

[77] Mateus, Lucas, Marcos e João.

[78] A tradução atual da *Bíblia* não dá a conotação de dívida para o versículo citado, mas sim de ofensa.

[79] "O comércio foi uma das primeiras atividades econômicas da humanidade, e desde o primeiro momento coexistiu com a economia de subsistência. Nas sociedades primitivas existia o denominado Comércio *mudo*, no qual os

O comércio passou a existir quando um homem produziu mais de um produto que pretendia consumir, com a finalidade de trocar esse excesso por algum outro artigo que ele valorizava mais e que pudesse ser obtido somente por meio de troca, ou que ele poderia obter mais facilmente pela troca.

A prática da troca naturalmente aumentou porque era vantajosa, ainda que seu crescimento tenha sido lento, inicialmente, devido à escassez de população e à dificuldade de transporte. As vantagens dependiam principalmente das diferenças de facilidade para fazer ou obter produtos originais, e essas diferenças dependiam, por sua vez, principalmente, das diferenças de experiência ou situação; o que se tinha para oferecer ao outro, que lhe fosse atraente ou necessário.

Embora de forma lenta, como trazido por Mota & Braick (1998, p.88), "a partir de meados do século XIII, com o aparecimento de banqueiros, cambistas e usuários das mais variadas origens, ocorreu uma expansão de crédito, o que veio favorecer as atividades comercial e industrial...".

Seu crescimento adveio de um complexo evolutivo: da especialização do trabalho – devido aos melhores e mais eficientes resultados alcançados na produção em larga escala –, do desenvolvimento do transporte, que facilitou o intercâmbio entre pessoas separadas por locais distantes; do aparecimento da moeda como meio de pagamento[80]; do desenvolvimento dos sistemas monetário e bancário, que facilitaram o intercâmbio ao substituir o incômodo sistema de permuta; dos regulamentos de alfândega e sistemas de taxas em diferentes períodos e de muitas outras formas de estrutura de negócios.

A permuta se baseia nas relações de interesse entre os indivíduos, seja no passado, seja na atualidade. Assim se posiciona Hall (1935, cap. 1, p.9)[81]: "O desejo de expandir a área de troca esteve presente através de todas as idades". O comércio, como evolução dessa permuta, é o exercício

---

membros de uma tribo depositavam em lugar neutro os objetos excedentes e depois regressavam para recolher o que em troca a outra tribo houvesse deixado" – *Nova enciclopédia Barsa* – São Paulo. Encyclopaedia Britannica do Brasil Publicações, 2000, v. 4, p.306.

[80] As moedas foram criadas e utilizadas como forma de pagamento na Lídia, civilização que viveu na antiga Anatólia, 2000 a.C. Da pouco conhecida Lídia, somente um nome é comumente ouvido hoje: Creso. "Tão rico quanto Creso", expressão comumente usada no inglês, no turco moderno e em outros idiomas pelo mundo. Creso assumiu o trono da Lídia em 560 a.C. para governar um reino que já era rico. No entanto, para merecer o mito a que se refere, contou com a invenção de seus ancestrais – moedas, uma nova e revolucionária forma de dinheiro, que fez do comércio sua riqueza, e não de conquistas (WEATHERFORD:2000, p.33-36).

[81] Tradução livre da Autora.

habitual da aquisição, correspondente, da compra de bens e de sua revenda como forma de ganho.

Uma definição de comércio por Melon ([199?], p.667) diz: trata-se da "troca do supérfluo com o necessário", o que também é concebido neste mesmo sentido por Smith (1952, p.164-181).

Para Lexis ([19—?, p.515)[82], porém,

> "o comércio não constitui uma coisa como 'troca de bens', mas sim representa uma atividade de intermediação voltada por atividade distinta, pelo efeito da divisão do trabalho e pelo qual o movimento de leva dos bens do produtor ao consumidor vem ser notadamente facilitado"[83].

De extrema relevância na história dos homens, o comércio é a história de seu desenvolvimento, pois adveio do atendimento de suas necessidades sociais e da promoção de seu bem-estar, na medida em que as dificuldades eram superadas e estendidas a outros grupos – dificuldades de ordem natural, como melhores localizações, fertilidade de suas terras, favoritismo climático e de recursos, e dificuldades das próprias habilidades manuais ou técnicas e organizacionais.

O comércio tem a ver, conseqüentemente, com a troca de mercadorias ou serviços por meio de negociação e com todas as atividades do homem que se relacionam com essas trocas. Nessas trocas há implícito o encontro de interesses, em que seus agentes são atendidos em suas necessidades.

Paralelamente, o desenvolvimento do comércio, já advindo do crescimento de outras atividades, como a indústria, o transporte, entre outros, proporcionou o avanço da Contabilidade, inicialmente pelas mãos dos escribas[84], cuja importância, segundo Manguel (2001, p.208), seria difícil exagerar:

> "eles eram necessários para mandar mensagens, transmitir notícias, baixar as ordens do rei, registrar as leis, anotar os dados astronômicos que permitissem manter o calendário, calcular o número necessário de soldados, trabalhadores, suprimentos ou cabeças de gado, manter o controle das opera-

---

[82] Livro disponível em segunda encadernação, sem a data de publicação – Economia, 3ª Série, Tomo xiii – p.34.

[83] Tradução livre da Autora.

[84] Escriba – na antiguidade, pessoa encarregada de escrever.

\* Também identificados como contadores na Antiguidade.

ções *financeiras e econômicas, registrar os diagnósticos e receitas dos médicos, acompanhar as expedições militares e escrever despachos e crônicas de guerra, avaliar tributos, fazer contratos, preservar os textos religiosos sagrados e divertir o povo com leituras da epopéia de Gilgamesh".*

Mais tarde, à medida que o comércio se expandia com os senhores feudais, que perdiam espaço para os burgueses, e que as grandes navegações tornaram possível mudar e expandir a rota do comércio frente à hegemonia italiana de acesso ao Mar Mediterrâneo, havendo a concentração da riqueza, a negociação individual foi sendo substituída pelo comércio por meio de representações e associações.

As associações, isto é, as sociedades permitiam que os riscos dos negócios, notadamente das grandes navegações, fossem compartilhados e que a riqueza dos capitalistas fosse combinada com o dinamismo, a ousadia e o desprendimento dos mercadores.

Nessa época, frente a esse cenário compartilhado, de capitalistas e mercadores, era praticado o que se denominou de *commenda,* ou sociedade silenciosa, em que o capital fornecido pelo sócio inativo (*o commendator*) era como um empréstimo ao sócio ativo (*tractator*), vez que a prática de cobrança de juros era proibida pela Igreja.

Como afirmado por Hendriksen & Breda (1999, p.44): "a sociedade, portanto, foi importante no desenvolvimento da Contabilidade porque levou ao reconhecimento da firma como entidade separada e distinta das pessoas e de seus proprietários". Sobre a representação: "foi importante porque exigiu a prestação de contas".

De seu início à evolução econômica das sociedades humanas, da qual é parte incontestável, o comércio, por seu papel propulsor, possibilitou e viabiliza nas sociedades o crescimento material, social e político.

Presente também na inventividade dos homens, pela adaptabilidade requerida dos negócios, moderniza-se em aspecto e natureza o comércio na *Web,* a exemplo do que se denomina hoje *e-commerce.* Ainda jovem em sua concepção[85], somente no Brasil estimam-se investimentos da ordem de US$

---

[85] O *e-commerce* existe na prática há apenas sete anos, desde que foi criado o primeiro programa de navegação na Web, o *NCSA Mosaic.* Cf. <http://www.e-commerce.org.br>, "Empresas de *e-commerce* investem na estutura de distribuição e na agilidade". Acesso: 4 jan. 2003.

500 milhões em 2003[86]; nos EUA distribuidoras, como a gigante *Ingram*, permitiram a empresa *Amazon* estrear no mercado com um estoque de 15 milhões de títulos[87]. De acordo com a pesquisa *Cyberstudy*, conduzida pela *Roper Stach* para a América *Online* (AOL), 56% dos internautas americanos acima de 18 anos fazem compras *online*[88].

Pela arte do comércio, as potencialidades são disseminadas e, por ele, as nações se movem. Uma depressão comercial se tornaria, para a sociedade, elemento restritivo até mesmo à sua sobrevivência, e sob essa dimensão, o comércio implica um misto de astúcia e retidão, o que talvez tenha contribuído para que se sugerisse a evocação de Hermes em seu simbolismo.

### 2.3.1 HERMES/MERCÚRIO (EMBUSTEIRO ARDILOSO): UM PARALELO MÚTUO COM O IMAGINÁRIO SOBRE O CONTADOR E A CONTABILIDADE

Hermes era filho de Zeus e de Maia, a mais jovem das Plêiades[89]. Nascera num dia quatro (número que lhe era consagrado), numa caverna do monte Cilene, ao sul da Arcádia e, embora enfaixado e colocado no vão de um salgueiro, árvore sagrada, símbolo da fertilidade e da imortalidade, o menino se revelou de uma precocidade extraordinária.

No mesmo dia em que veio à luz, desligou-se das faixas e viajou até a Tessália, onde furtou uma parte do rebanho de Admeto, que se encontrava cumprindo grave punição por um delito que praticara, e que estava sendo guardado por Apolo.

Ao fugir com o produto do furto, Hermes correu quase toda a Hélade, tendo amarrado folhudos ramos na cauda dos animais, para que, enquanto andassem, fossem apagando os próprios rastros. Em uma das grutas de Pilos sacrificou duas novilhas em oferenda aos deuses, dividindo-as em 12 porções, embora os imortais fossem apenas 11, pois acabava de se promover a décimo segundo.

---

[86] Idem.

[87] Idem.

[88] Idem, "Mais da metade dos internautas nos EUA compra *online*". Fonte: *IDG NOW*.

[89] Plêiades eram filhas de Atlas e Plêione. Eram sete irmãs: Taígeta, Electra, Alcione, Astérope, Celene, Mérope e Maia. Exceto Mérope, que desposou Sísifo, todas se uniram a deuses. A elas são atribuídas as instituições dos coros de dança e das festas noturnas. Foram transformadas na constelação dita das Plêiadas, por Zeus, que as livrou assim da implacável perseguição do temível caçador Orion, que se apaixonou por uma delas (BRANDÃO:1995, p.191).

Continuando sua caminhada, Hermes encontrou uma tartaruga e, após matá-la, retirou-lhe a carapaça e, com as tripas das novilhas sacrificadas, fabricou a primeira lira.

Apolo, cuja literatura reúne mais de 200 atributos, por excelência era um deus mântico e irmão de Hermes. Tendo descoberto o paradeiro do ladrão, acusou-o formalmente perante Maia, que negou que o menino pudesse, nascido há poucos dias e completamente enfaixado, ter praticado semelhante delito.

Entretanto, ao ver o couro dos animais sacrificados, Apolo, não tendo dúvidas da autoria do furto, apela para Zeus, que habilmente interroga o filho e fica convencido de sua mentira, ao negar o ato.

Desta forma, Hermes foi obrigado a prometer que nunca mais faltaria com a verdade; no entanto, não estaria obrigado a dizer a verdade por inteiro, o que mais uma vez faz destacar suas habilidades de negociação.

Encantado com os sons que o menino tirava da lira, Apolo troca o rebanho roubado pelo instrumento que tanto o encantara. Hermes não só efetua a operação de troca, como também consegue de Apolo a função de psicopompo[90].

Mais tarde, tendo inventado a "flauta de Pã", que também encantou Apolo, Hermes a troca pelo cajado de ouro (o caduceu) e ainda adquire dele lições de adivinhação que, ao aperfeiçoá-las, o auxiliam na leitura do futuro por meio de pequenos seixos. De Hades, usa o capacete que torna invisível o seu portador e, usando sandálias de ouro, anda com incrível velocidade, razão pela qual os gregos o concebiam como protetor dos viajantes.

Divindade complexa, com múltiplos atributos e funções para os gregos, Hermes, por ter furtado o rebanho de Apolo, tornou-se símbolo de tudo o que implica astúcia, ardileza e trapaça: "é um verdadeiro *trickster*, um velhaco, companheiro amigo e protetor dos comerciantes e dos ladrões..." (BRANDÃO:1995, p.193).

De outra forma, por suas inúmeras habilidades, era o mensageiro dos deuses, prestando-lhes vários serviços[91], e em relação aos homens, cujo mundo é por definição "aberto", que está em permanente construção, sendo melhorado e superado, Hermes é assim referenciado[92]:

---

[90] "Condutor de almas, tanto do nível telúrico para o ctônio quanto deste para aquele" (BRANDÃO:1995, p.194).

[91] Para uma leitura mais aprofundada sobre os serviços prestados por Hermes aos deuses, cf. BRANDÃO:1995, p.195.

[92] A referência a Hermes leva a uma inferência sobre uma inserção permanente no mundo que se vive e no estar atento ao seu contexto.

> *"os seus atributos primordiais – astúcia e inventividade, domínio sobre as trevas, interesse pela atividade dos homens, psicopompia – serão continuamente reinterpretados e acabarão por fazer de Hermes uma figura cada vez mais complexa, ao mesmo tempo em que um deus civilizador, patrono da ciência e imagem exemplar das gnoses ocultas"(BRANDÃO:1995, p.194, apud ELIADE:1975, p.109).*

Inventor de práticas mágicas, conhecedor profundo da magia da Tessália, possuidor de um caduceu que tangia as almas na luz e nas trevas, Hermes mereceu, por causa desses atributos, o seguinte verso do maior poeta ocidental da antiguidade cristã, Aurélio Clemente Prudêncio (*apud* BRANDÃO:1995, p.197):

> *"Mercúrio[93] conhece profundamente a magia da Tessália, e conta-se que seu caduceu conduzia as almas dos mortos para as alturas da lua (...), mas que condenava outras à morte e as precipitava nas profundezas do abismo entreaberto. Ele é perito em executar ambas as operações."*

Para Samuels (1992, p.170), "Hermes é visto na literatura como um agente e como um princípio de transformação e conexão". Ele está envolvido com as mudanças e o desenvolvimento. Sendo apontado como um deus altamente sociável (o que se mostrou desde o início, pela maneira como resolvera suas pendências com Apolo), interessado em negócios, em comércio e em trocas, em muitas ocasiões ajudando os homens, coube-lhe a posição de fazer parte da simbologia do comércio, uma das mais criativas e importantes atividades dos homens.

No exercício do comércio, vimos o desenvolvimento da Contabilidade e, em sua simbologia, atributos como o caduceu, que pertencia a Hermes. Sobre os símbolos, viu-se a grandiosidade das convicções dos seres humanos, que em suas limitações, por meio de um símbolo, conseguem a um só tempo ostentar e expressar toda uma idéia e um sentimento de forma tácita e homogênea, no universo a que se propõem.

Hermes e seus atributos, em alusão ao comércio, conseqüentemente à Contabilidade, na pessoa dos contadores, muito se aproximam em forma

---

[93] Nome recebido por Hermes quando da vitória dos romanos sobre os gregos, como está descrito no parágrafo a que se refere a Nota 73 deste trabalho, item 2.2.1.2, "O caduceu".

e essência ao seu protetorado. A forma é representada pelos negócios dos quais a Contabilidade se faz linguagem, e a essência é o resultado desses negócios que a Contabilidade mensura e divulga.

Entretanto, vê-se pairar um imaginário sobre o contador e a Contabilidade – uma idéia de ardileza. Por tratar, mesmo que indiretamente, do mesmo objeto do comércio – cujo termo carrega o peso de uma semântica intrínseca às relações em que, se um "ganha", talvez o outro esteja "perdendo" – a Contabilidade e o contador, como validadores dessas operações (via seus registros), se vêem sob esse imaginário.

Quanto ao furto praticado por Hermes, escreve Samuels (1992, p.173): "o que significa realmente esse roubo, essa apropriação? Como é possível que um deus seja ladrão?" Jung, buscando resposta nas idéias de Schopenhauer e do Budismo, diz que é a <u>individuação</u>[94] que está por trás de males dessa natureza – como o roubo e o furto.

Samuels lembra que também no Cristianismo a natureza humana tem de carregar a mancha do pecado original para ser salva pelo auto-sacrifício de Cristo, e afirma: "tudo isto acontece porque o homem, no seu estado natural, seria como um animal – nem bom, nem puro"; completando, diz: "se não são feitas distinções claras entre o bem e o mal, os instintos e a inconsciência total prevalecem". Também Jung (CW 13, 1969, par. 244) explica:

> *"Já que sem culpa não há consciência moral e sem conhecimento das diferenças não há consciência alguma, devemos entender que a estranha intervenção (de Deus ao introduzir no mundo a distinção entre bem e mal) foi absolutamente necessária para o desenvolvimento de qualquer tipo de consciência, e, nesse sentido, foi para o bem."*

A negociação entre Hermes e Apolo, negócio que satisfez os dois, só foi possível depois e a partir do furto do gado, podendo assim ser tomada como uma de suas boas ações. Neste sentido, Samuels (1992, p.174) considera que as palavras *tomar* e *roubo* podem ser usadas para o que hoje se chama de introjeção e internalização, definições que Laplanche & Pontalins (1980, p.229) desenvolvem:

> *"Introjeção quer dizer que na fantasia, uma pessoa desloca objetos e suas qualidades inerentes, de 'fora' para 'dentro'. Internalização quer dizer basicamen-*

---

[94] Grifo da Autora.

> te a mesma coisa, porém com uma diferença essencial: na internalização é a imagem de um relacionamento ou de um processo interpessoal transposto."

Continuando, conclui que a forma como é visto o furto praticado por Hermes tem muito em comum com a transposição, que é fundamental para o conceito de internalização, e esclarece outros aspectos do furto e da falsidade de Hermes:

> *"essas características seriam, então, parte de um processo de desenvolvimento que tornariam irrelevante qualquer consideração a respeito de moralidade, de aprovação e desaprovação. A pré-moralidade (e até a imoralidade) é fundamental para o ser humano"* (SAMUELS:1992, p.173).

Citando o relato do antropólogo Edmund Leach, no *The Times* de 3 de setembro de 1981, Samuels completa sua interpretação sobre a dualidade presente no mito Hermes: "A natureza não pode mentir, mas o homem pode e assim o faz (...), o ser humano ocupa-se obstinadamente da fraude em larga escala. A habilidade de mentir é talvez a característica mais óbvia do ser 'humano'".

O contador, como agente da Contabilidade, e como ser humano que é, sujeito assim a tal característica, por outro lado, se vê revestido de prerrogativas advindas do próprio homem, como a prerrogativa de "fé pública", em que o atestado de sua avaliação se coloca como verdadeiro.

Paralelo a esse processo, também dentro da natureza em que se encerram, os números contados pelo contador, fruto de sua avaliação, da mesma forma não mentem, cabendo aí, talvez, o sentido mencionado de internalização: uma imagem de "fora" para "dentro".

## 2.4 PERCEPÇÃO

> *"Aquilo que uma pessoa crê ser real,*
> *é real nas conseqüências."*

Permeando o trabalho aqui desenvolvido sobre as "representações sociais que contribuem para a construção do imaginário coletivo sobre o contador e a Contabilidade", vê-se presente o ato de perceber, citado em muitas das situações e, por conseguinte, se observam as implicações disto, cuja ênfase se faz crescente no objeto de nosso estudo.

"A percepção é um processo cognitivo, uma forma de conhecer o mundo" (NEISSER:1976, p.9); para Davidoff (2001, p.141), a "percepção envolve interpretação". Pelo processo perceptivo, o homem supre sua necessidade natural de adaptação ao seu ambiente, para nele melhor conviver. Conforme Forgus (1971, p.2), a "percepção se torna cada vez mais influenciada pela aprendizagem" e, neste contexto, é balizado este trabalho.

Em que grau a percepção dos indivíduos contribui para a construção das representações sociais sobre o contador e a Contabilidade? Teria a interpretação do dia-a-dia relação com as imagens construídas sobre a Contabilidade e seus profissionais? Dito de outro modo: "Por que as coisas têm a aparência que têm? Por que elas são aquilo que são?" Respondem os autores Hurvich & Jameson (1974, p.88): "Não porque nós somos aquilo que somos". Se não é por isso, deverá ser por outro motivo. Há uma grande diferença entre o que está no mundo e aquilo que experimentamos como estando no mundo, afirmam eles. A experiência poderá ditar a visão de mundo, bem como influenciar comportamentos.

Por outro lado, ao estudar a "atenção" e "tomada de consciência", palavras ou atos naturalmente ligadas à percepção, estudos como os de E. Colin Cherry (1953; com Tylor, 1954) culminaram com a elaboração de uma técnica intitulada "técnica de audição seletiva". Esses estudos demonstram a capacidade das pessoas de poderem ser influenciadas por uma mensagem sem atentarem a ela ou dela tomarem consciência; esta idéia é corroborada por outros investigadores, como Corteen e Wood (1972), e comentada por Neisser (1976): "... sob determinadas condições, as pessoas podem perceber significados de palavras sem dedicar atenção ou tomar consciência", o que parece acontecer com o contador e/ou a Contabilidade.

A percepção que sugere ordenar a visão comum sobre o contador e a Contabilidade[95] conduz a forma como se encara o fenômeno. Sua compreensão, como foi dito por Morgan (1996), transforma a natureza do fenômeno. Exemplificando, o autor ilustra com um conto hindu a respeito dos seis cegos e o elefante, em que se ressalta a extensão da percepção na individualidade dos experimentos:

---

[95] Sobre a visão comum a respeito do contador e a Contabilidade, ver neste trabalho item 2.7.2 – Representações sociais do contador e da Contabilidade.

*"O primeiro cego sente uma presa e acha que o animal dever ser uma lança; o segundo, apalpando a lateral do elefante, considera que seria um muro; sentindo uma perna, um terceiro descreve o animal como uma árvore, e o quarto, tateando a tromba do elefante, inclina-se a pensar que seria uma serpente. O quinto, tendo percebido a orelha do elefante, considera tratar-se de um ventilador, e o sexto, segurando o rabo, diz tratar-se de uma corda" (MORGAN:1996, p.346).*

Comentando, Vaill (1984, p.39-49) propõe que se o elefante estivesse em movimento, a compreensão (percepção) dessas pessoas teria sido muito mais complicada; o homem agarrado à perna do elefante teria experimentado um movimento elíptico e para frente; aquele que segurava a cauda teria sido chicoteado de modo aleatório, enquanto os outros teriam sido sacudidos e talvez derrubados. O movimento do elefante teria provavelmente destruído todas as considerações anteriores e, desse modo, dificultado ainda mais a tarefa de se chegar a um consenso sobre a natureza do fenômeno.

Também para Maroni (1998, p.20), "o homem é um fato, só conhece o mundo como ele o percebe e o interpreta", o que se configura na imagem que se forma, cuja credibilidade tende ser óbvia – desde que se acredite naquilo que se percebe ou compreende.

## 2.5 IMAGINÁRIO

O imaginário deriva do conceito de imaginação. Sendo um dos modos pelos quais a consciência percebe a vida e a organiza, o imaginário oferece sustentação para a cultura construída pelas pessoas em sociedade.

Para Malvezzi (1996, p.8), "um dos elementos fundamentais por trás da cultura é o símbolo que introduz a potencialidade do imaginário na compreensão das organizações sociais". Individual ou coletivo, cabe ao imaginário destaque inequívoco dentro de cada uma das pessoas. Retomando o conceito de símbolos e sua relação com os mitos, Durand (1969, p.134) afirma que estes são "a marca da incessante troca existente, ao nível do imaginário, entre as pulsões subjetivas[96] e assimiladoras e as pressões objetivas provenientes do meio cósmico e social".

---

[96] Por pressões subjetivas, entende-se serem arrebatadoras e individuais.

A condição imaginária estabelece a ponte entre o comunicado e o entendido, o que se materializa pela elaboração de mitos, ação criativa a partir de imagens conscientes ou inconscientes (símbolos).

Dentro de um modelo contemporâneo do organizar se pode conceber as relações com o imaginário segundo contínuo processo evolutivo, em que tanto as pessoas (organizadas ou não) quanto as organizações (empresas) chegam ao que se denominou "Quarta Onda", visão de mundo que, segundo Maynard & Mehrtens (1993), *apud* Ziemer (1996, p.28), passa por "Somos 'um' e escolhemos co-criar"; "em suma, precisamos desmistificar, conhecer e dialogar com os mitos ou programas direcionadores profundos, de maneira a não sermos dominados pelos hábitos disfuncionais do passado, e poder co-criar nosso próprio futuro" (ZIEMER:1996, p.30).

No que tange ao nexo do imaginário atribuído ao contador e à Contabilidade, pouca ou nenhuma distinção parece ser observada entre as visões pessoais e coletivas, ou seja, parece existir uma similaridade entre a visão reducionista que a sociedade tem desta ciência e de seus praticantes e a visão reducionista pelas pessoas, nos atos cotidianos que a sociedade tem dela.

Da construção individual ao conjunto de suas representações fazem eco as palavras de Ziemer (1996, p.323): "desde os primórdios da humanidade, a psique atém-se menos ao fato 'real' e mais ao 'significado' a ele associado".

A percepção da labilidade da fronteira entre o fato real e o "significado" a ele associado levou Jung (*apud* ZIEMER:1996, p.35) a perguntar a si mesmo: "que mito você está vivendo? E descobri que não sabia. Por isso... decidi conhecer o meu mito, e considerei esta como a maior das tarefas".

Schwez (2001, p.73), em artigo intitulado "Responsabilidade social: meta e desafio do profissional da Contabilidade para o próximo milênio", ao apontar os desafios da profissão contábil às portas do terceiro milênio, afirma:

> *"o primeiro desafio, que será vencido concomitantemente com os demais, é mudar a imagem[97]. O profissional contábil dever ser e passar a imagem de uma pessoa dinâmica, bem informada, deter as informações, saber utilizá-las e saber retransmiti-las".*

Conhecer de forma inequívoca e desmistificar o mito a povoar o imaginário, seja ele um mito pessoal ou coletivo. Em outro artigo, "Perspectivas

---

[97] Grifo da Autora.

para a profissão contábil num mundo globalizado – um estudo a partir da experiência brasileira", Cosenza (2001, p.43), destacando "a necessidade de se repensar a Contabilidade", afirma:

> "... a emergência de um reposicionamento das práticas e comportamentos tradicionais dos profissionais de Contabilidade que, hoje, comumente, apresentam as seguintes características: i) recusam-se, em geral, em avançar além do limite restrito da apuração contábil; ii) limita-se a trabalhar os aspectos ligados a questões fiscais, tributárias e jurídicas; iii) esforça-se mais em mudar o cliente, segundo as orientações do poder público, do que atender às necessidades dos clientes; iv) omite-se de intervir na área de consultoria de gestão para as pequenas e médias empresas".

Talvez se deva perguntar: que mito que estão vivendo o contador e a Contabilidade? Esta parece não ser uma questão de fácil resposta; contudo, dada sua importância no contexto das representações sociais, pesquisadas neste trabalho, poderia suscitar uma ação prospectiva.

## 2.6 O INCONSCIENTE COLETIVO COMO PRETEXTO AO IMAGINÁRIO COLETIVO

Uma substancial dose de inconsciente povoa o imaginário coletivo – este sempre foi o incremento que balizou a relação do inconsciente coletivo como um pretexto ao seu imaginário. Do inconsciente ao processo consciente haverá sempre um imaginário a ser formado pelas pessoas. Para Jost de Moraes (2001, p.19),

> "a palavra 'inconsciente' é, talvez, uma das expressões da Psicologia que mais penetraram no uso popular. Ao inconsciente são atribuídas certas características e comportamentos que nem sempre foram oficialmente definidas, mas que são aceitas tacitamente. Assim, quando somos surpreendidos por atitudes de agressividade, sentimentos de simpatia ou rejeição, sem que tenhamos uma explicação clara e objetiva dessas relações, atribuímo-las ao inconsciente".

Já Jung (1969, p.3) acredita que "a hipótese de um inconsciente coletivo pertence à classe de idéias que primeiro as pessoas consideram estranhas, mas que logo começam a usar de forma familiar"[98].

---

[98] Como será tratado mais adiante, no item 2.7.2, "Representações sociais do contador e da Contabilidade", neste trabalho.

Subjacente ao inconsciente, o processo de "imaginar" ganha realce quando de sua manifestação, como expressão que se dará por processos conscientes ou inconscientes, em função da própria prerrogativa do inconsciente: a de ser desconhecido da consciência.

## 2.6.1 CONSCIÊNCIA

A consciência dentro da personalidade do indivíduo, isto é, sua psique, é a única parte da qual se tem referência ou se conhece, sem que para isso seja necessário qualquer tipo de atuação que se dê externamente a um processo natural. Para Freud (1969, p.33),

> "consciência é a superfície do aparelho mental, ou seja, determinamo-la como função de um sistema que, espacialmente, é o primeiro a ser atingido a partir do mundo externo, e espacialmente não apenas no sentido funcional, mas também, nessa ocasião, no sentido de dissecação anatômica"[99].

Pela consciência, ou processo consciente, se tem conhecimento e noção do que se passa com o ser humano. "Como invenção de si mesmo, o homem é um ser cultural" (GULLAR:2002, p.8); "os diferentes extratos da mente correspondem à história das raças" (JUNG:1998, p.42). Sendo essa história balizada pela cultura, como representação de seus conhecimentos e estruturas sociais, dela fazem parte sua forma de viver e crer.

Produto dessa cultura, o homem tem seu "acabamento" a partir dos sentidos e das funções mentais de "sensação, pensamento, sentimento e intuição", descritas por Jung (1998, p.13), o lhe permite o limiar da consciência, sob uma orientação indicada por uma espécie de "bússola da psique" (JUNG:2001, p.60), corroborando, desta forma, a adjetivação da consciência feita por Freud (1969, p.27), em que a consciência é entendida "(...) como qualidade do psíquico".

Na mesma síntese, afirma Jung (2001, p.23): "o homem desenvolveu vagarosa e laboriosamente sua consciência, num processo que levou um tempo infindável, até alcançar o estado civilizado (...) e esta evolução está longe da conclusão...", embora se tenha, de forma inequívoca, conhecimento de suas bases.

---

[99] *Beyond the pleasure principle* [Standard Ed., 18, 26]. In: *O ego e o id* (FREUD, 1969, II, p.33).

A consciência é formada basicamente por três fontes de conteúdos: os ectopsíquicos, derivados primeiramente do ambiente e recebidos por meio dos sentidos, pelas funções descritas por Jung (1998); por outras fontes, como a memória, os processos de julgamento, os afetos e as invasões, que pertencem aos setores endopsíquicos; e por último o mundo inconsciente, que Jung chamou de "lado escuro da mente".

Na consciência se trabalhará o que é naturalmente desconhecido ou inconsciente, e à consciência é atribuída a resistência comum a que se é submetido como pessoa humana, na leitura do mundo interno ou externo de sua consciência, a qual fora chamada de "misoneísmo"[100] pelos antropólogos.

Por ser essa resistência parte de processos ou vislumbres inconscientes, tais reflexos se comportam como agentes na procura de elucidações objetivas nas relações entre conteúdos psíquicos e o ego, como apontado por Silveira (1996, p.73):

"Na área do consciente desenrolam-se as relações entre conteúdos psíquicos e o ego[101], que é o centro do consciente", conforme demonstrado no diagrama a seguir, elaborado por Jung (1998) (Figura 4):

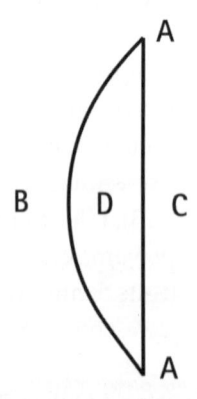

Figura 4 – O ego (Fundamentos da psicologia analítica. JUNG:1998, p.17)

---

[100] Medo profundo e supersticioso ao novo (JUNG:2001, p.31, *O homem e seus símbolos*).

* Aversão, repulsa a tudo o que é novo ou contém novidade; o mesmo que neofobia (LAROUSSE, Koogan. *Pequeno dicionário enciclopédico Larousse do Brasil*, op. cit.).

[101] Por *ego* entende Jung (1998, p.7) ser um dado complexo formado primeiramente por uma percepção geral de nosso corpo e existência e, a seguir, pelos registros de nossa memória.

Para Jung (1998, p.17), se admitimos AA como linha divisória da consciência, teremos então em D um setor consciente que se refere ao mundo ectopsíquico B, que é a área regida pelas funções (pensamento, intuição, sentimento e sensação). De maneira oposta, em C, situa-se o mundo das sombras, "área" em que o ego se torna ligeiramente obscuro, razão pela qual não o enxergamos e nós nos tornamos um enigma aos nossos próprios olhos.

Em C, nunca conheceremos o ego, e sim somente em D, que sempre será surpreendido com coisas novas a nosso respeito, coisas estas que existem no C. Nele repousa sempre uma parte de nossa personalidade que ainda permanece inconsciente, que ainda se encontra em mutação, ainda indeterminada, ainda em gestação. Assim, a personalidade que irá surgir, dentro de um ano, dois anos, por exemplo, já existe em nós, só que no lado obscuro, ou o lado das sombras.

Jung usa freqüentemente a expressão "complexo de ego", em vez de simplesmente ego, dada a múltipla comparação de seus elementos, e assim se manifesta: "a luz da consciência tem muitos graus de brilho e o complexo do ego muitas gradações de força"[102].

No ego repousa a alma humana como unidade; entretanto, nessa unidade a personalidade continuamente se forma, fazendo com que se descubra que "somos assim, mas que temos inúmeras facetas e, por vezes, deparamos com experiências surpreendentes" (JUNG:1998, p.17), provando existir sempre uma parte de nossa personalidade que ainda permanece inconsciente, mas que irá surgir, formando assim o sujeito psíquico.

De acordo com Freud (1969, p.33), "todas as percepções que são recebidas de fora (percepções sensórias) e de dentro – o que chamamos de sensações e sentimentos – são conscientes, desde o início". Para Casado (1993, p.22),

> "a consciência surge desde cedo, provavelmente até mesmo antes do nascimento. Ela se ocupa do que observamos do mundo, e seu encontro diário com o mundo exterior através dos órgãos dos sentidos e das funções mentais descritas por Jung de pensamento, sentimento, sensação e intuição, nos dão a concepção das coisas".

---

[102] Cf. SILVEIRA, Nise da. *Jung – vida e obra*, 1996, p.73.

Dessas funções, o homem se constitui em unidade e, como na expressão de Leonardo da Vinci[103]: "assim como cada reino dividido é desfeito, do mesmo modo, cada engenho dividido em diversos estados se confunde e se enfraquece".

O consciente e o inconsciente constituem a estrutura da psique, e são a unidade das semelhanças de objetivos, o elemento que poderá fortalecer e melhor assegurar o êxito pretendido, também neste trabalho.

Neste sentido afirma Azambuja (1999, p.11): "Dentro de uma teoria binocular, consciente e inconsciente emergem do aparelho psíquico e se constituem muito mais pelas suas funções do que por estruturas radicalmente diferentes", funções estas que irão determinar o comportamento independente da consciência, e que centram a psique do ser humano, conforme demonstrado no diagrama a seguir (Figura 5):

A psique

- Sensação
- Pensamento
- Sentimento
- Intuição
- Memória
- Componentes subjetivos das função
- Afetos
- Invasões

Esfera Ectopsíquica

Esfera Endopsíquica

Inconsciente Pessoal

Inconsciente Coletivo

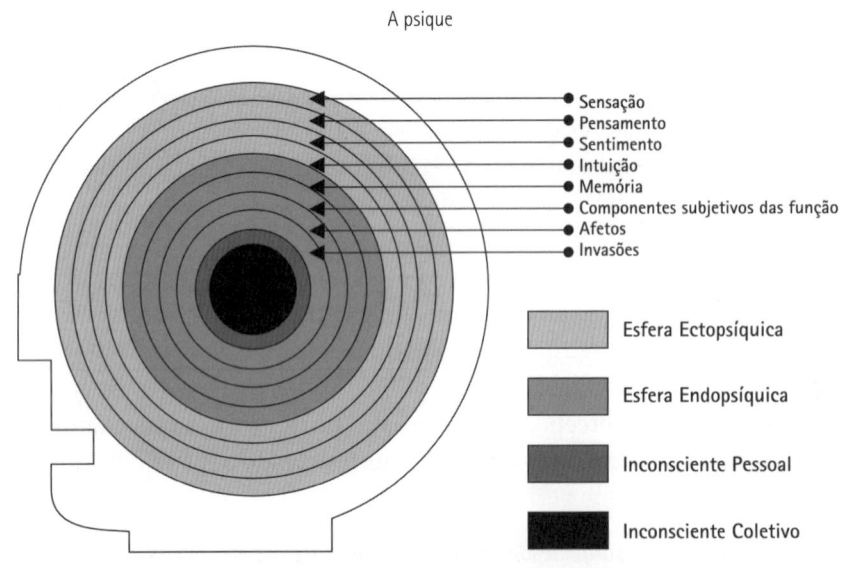

Figura 5 – A psique (*Fundamentos de psicologia analítica*, op. cit., p. 39)

No diagrama, sensação, pensamento, sentimento e intuição formam o sistema ectopsíquico. A *sensação* aparece como função periférica

---

[103] Cf. AZAMBUJA, Deodato Curvo de. *The place of the unconscious or about the unconscious as a place.* V. 10, nº 1. São Paulo: USP, 1999, p.23. Palestra apresentada no fórum temático sobre o inconsciente, realizado na Sociedade Brasileira de Psicanálise de São Paulo, 22 set. 1993.

ou mais superficial, através da qual se recebe informação sobre o mundo dos objetos exteriores.

No segundo círculo, *pensamento*, entram as coisas recebidas pelos sentidos (as coisas de que se tem sensação), sendo conferido a elas um nome, uma representação. A seguir, surgirá, em relação a essa representação, um *sentimento*. E no final teremos uma certa consciência do destino das coisas percebidas, bem como a maneira pela qual elas se desenrolam no presente. Pela *intuição* se fará ver o que está acontecendo no lugar mais escondido da psique.

A esfera seguinte representa o complexo consciente do ego, visto ser ele o seu conteúdo, e ao qual todas as funções se referem. Na endopsique surge primeiro a *memória*, que ainda é uma função que pode ser controlada pela vontade, ou seja, pode estar sob o controle do complexo do ego.

A seguir encontramos os componentes subjetivos das funções. Não podem ser totalmente dirigidos pela vontade, mas podem ainda ser suprimidos, excluídos ou intensificados por meio da força de vontade. Chegando aos afetos e invasões, estes somente serão controláveis por meio de uma força sobre-humana, pois são muito mais fortes que o complexo do ego.

No inconsciente, permanece subjacente uma inteireza impossível de ser dissecada, pois se constitui de uma base primitiva comum a todo ser humano, o que neste trabalho será tratado em tópico específico, a seguir.

Para a ordem estabelecida nos grandes círculos do diagrama, o ectopisíquico e o endopsíquico, partiu-se do pressuposto de que a função predominante no exemplo é do tipo racional e, por isso, a abordagem se deu por intermédio do pensamento, que é a faceta mais visível para as pessoas. Se o tipo fosse outro, a função seria outra[104].

O consciente e o inconsciente, em um processo de completude da psique, constituem a consciência pela qual os homens se pautam, numa postura de busca à eterna segurança de estarem conscientes, mesmo diante do desconhecido.

Para Freud (1969, p.27) "'estar consciente' é, em primeiro lugar, um termo puramente descritivo, que repousa na percepção do caráter mais imediato e certo"[105].

---

[104] Para um maior aprofundamento sobre tipos e funções da mente, ver *Tipos psicológicos*. JUNG, Carl G. Rio de Janeiro: Zahar, 1974.

[105] "Estar consciente" – *Bewusst sein* (em duas palavras), no original. De modo semelhante no capítulo II de *Lay analysis* (1926 e Standard Ed., 20, 197). *Bewusstsein* é a palavra alemã normal para designar "consciência", e

Enquanto o consciente é delimitado, em sua visão, o inconsciente não se pode delimitar, uma vez que é contínuo e imenso em sua plenitude, podendo, sim, ser dividido, segundo a visão de Jung (1998, p.33-34), em "inconsciente pessoal e inconsciente coletivo".

## 2.6.2 INCONSCIENTE PESSOAL

O que se denominou 'inconsciente pessoal' passa pela região mais superficial entre o ego e o inconsciente na psique do indivíduo, e cujas fronteiras com o inconsciente são bastante imprecisas, conforme o diagrama abaixo:

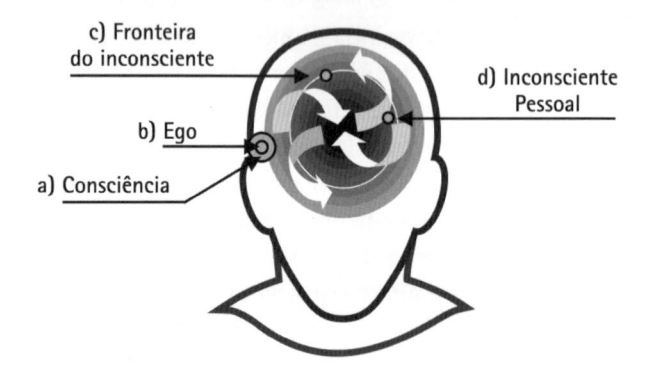

Figura 6 – Inconsciente pessoal

Em (a) temos a consciência, cujo conteúdo e centro é o ego (b), fronteira entre os dois mundos, o interno e o externo. Próximo à fronteira do inconsciente (c) em que se vê separada a consciência do inconsciente, se encontrará o inconsciente pessoal.

Substrato da mente, o inconsciente pessoal é composto inteiramente por elementos pessoais, sendo tratado por Jung (1998, p.33) também pela denominação de "mente subconsciente"; embora não estando em conexão com o ego, atua e influencia os processos conscientes. É formado de material reconhecível dentro da individualidade de cada um, uma vez que o que pode não ser consciente para alguns pode ser consciente para outros; encer-

---

imprimi-la em duas palavras dá ênfase ao fato de que *bewusst* é, em sua forma, um particípio passado: "ser (ou estar) conscientizado". O inglês *conscious* (consciente) é capaz de um emprego ativo ou passivo; nestes estudos, porém, ele deve ser sempre tomado como passivo. Cf. nota de rodapé ao final da nota do editor inglês ao artigo metapsicológico de Freud sobre "O inconsciente" (Ed. Standard Bras., v. XIV, Imago Editora, 1974, p.189).

ra também questões dos conteúdos esquecidos ou reprimidos e os dados criativos, que são as imagens que se fazem a partir dessa base inconsciente.

No inconsciente pessoal são armazenadas as experiências que não são aceitas pelo ego, como referencia Silveira (1996, p.74):

> "acontecimentos ocorridos durante o curso da vida e perdidos pela memória consciente, lembranças penosas de serem lembradas; e, sobretudo, grupos de representações carregadas de forte potencial afetivo, incompatíveis com a atitude consciente (complexos)".

Nele repousa a parte do inconsciente que também poderia aflorar à consciência, razão da proximidade em que se encontra dentro da psique, entre a fronteira do ego e do inconsciente, e que dentro de uma análise consciente pode ser entendida como geograficamente estratégica ao seu intento de tornar-se consciente, conforme demonstrado (Figura 6).

De acordo com Jung (1998, p.41), o círculo ou a camada do inconsciente pessoal é cheio de relatividade, podendo ser restrito, tornando-se bem estreito e chegar quase a zero: "é provável que um homem venha a desenvolver sua consciência a tal ponto que possa dizer – *Nihil humanum, a me alienum puto*"[106].

Por outro lado, convive a psique com outro extrato do inconsciente, que é a esfera do mundo arquetípico[107], em que seus conteúdos presumíveis aparecem sob a forma de imagens que apenas podem ser entendidas quando comparadas com paralelos históricos.

Não encontrando qualquer paralelo histórico, esses conteúdos se tornarão impossíveis de se integrar à consciência, permanecendo desta forma somente projetados. "Na verdade, agem como se não existissem na pessoa – conseguimos vê-los em nosso próximo, mas não em nós mesmos", diz Jung (1998, p.41), que o denomina *inconsciente impessoal ou coletivo* (idem, p.34).

## 2.6.3 INCONSCIENTE COLETIVO

Ao contrário do inconsciente pessoal, o inconsciente coletivo se estabelece na região mais profunda do inconsciente, nos fundamentos estrutu-

---

[106] Dito por Terêncio, *Heauton timorumenos*, 1.125 – *"Homo sum; humani nil a me alienum puto"* ("sou homem e nada do que é humano me pode ser alheio"). *Apud* JUNG:1998, p.41.

[107] A expressão 'mundo arquetípico' será discutida neste trabalho no item 3.6.3, "Inconsciente coletivo".

rais da psique comum a todos os homens, conforme se pode observar na Figura 7, e "do mesmo modo que o corpo humano apresenta uma anatomia comum, sempre a mesma, apesar de todas as diferenças raciais, assim também a psique possui um substrato comum...". A este substrato Jung chamou inconsciente coletivo[108].

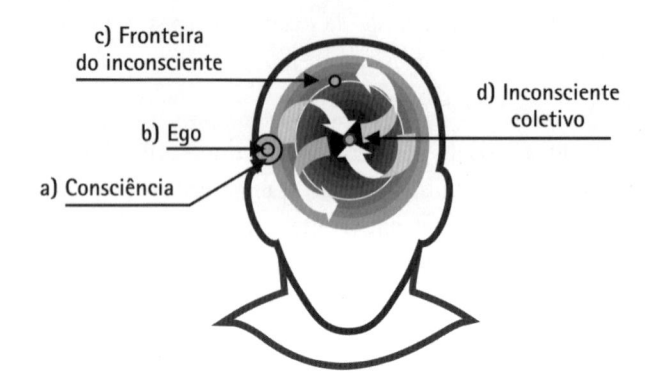

Figura 7 – Inconsciente coletivo

De (a) a (c), como descrito na leitura da Figura 6, agora em (d), tem-se o inconsciente coletivo.

Nesse substrato repousa o resíduo psíquico da evolução do homem, fundamento de sua psique comum, cuja estrutura chamara de arquétipo[109], ou imagens primordiais, que Jung conceituou como "formas instintivas de imaginar. Matrizes arcaicas onde configurações análogas ou semelhantes tomam forma"[110].

> "O inconsciente coletivo é uma figuração do mundo, representando a um só tempo a sedimentação multimilenar da experiência. Com o correr do tempo, foram-se definindo certos traços nessa configuração. São os denominados arquétipos ou dominantes – os dominadores (...) isto é, configurações das leis dominantes e dos princípios que se repetem com regularidade à medida que se sucedem as figurações, as quais são continuamente revividas pela alma" (JUNG:1995, p.86).

---

[108] Cf. SILVEIRA, Nise da. *Jung – vida e obra*, op. cit., p.74-75.

[109] *Archetypos* e *archaicos* têm a mesma raiz. JUNG, C. G. *Fundamentos de psicologia analítica*. Petrópolis: Vozes, 1998, p.16.

[110] Cf. SILVEIRA, Nise da. *Jung – vida e obra*, op. cit., p.79.

Para Palmer (2001, p.151), "o arquétipo em si é vazio e puramente formal, nada senão uma *facultas praeformandi*, uma possibilidade de representação que é dada a priori", ou seja, não se trata de uma condição tácita, mas sim uma condição que lhe é facultada, às circunstâncias, materializada de forma simbólica, por meio das percepções.

Sob a sedimentação de figurações que vão se formando e continuamente são revividas pela alma para que haja qualquer forma de sedimentação, é preciso que tenha havido elementos ou fatores que foram passíveis de serem sedimentados, restando-nos identificá-los, faculdade assegurada por um processo consciente, segundo Jost de Moraes[111].

A respeito do uso do conceito de inconsciente coletivo no universo da Contabilidade, merece ser mencionada a contribuição do Prof. Guerreiro (2001, p.16), que, com base nas reflexões de Jung, propõe:

> *"os conceitos de arquétipos e inconsciente coletivo, dadas as suas características, não se aplicam especificamente ao campo da Contabilidade. O que se pode fazer, no entanto, é buscar inspiração nessas idéias e efetuar o paralelo entre esses conceitos e o inconsciente do grupo das pessoas ligadas à Contabilidade".*

A aplicação desses conceitos, entretanto, pode ser sustentada se os dados analisados pelos autores – estes afirmam que "...os indivíduos se comportam orientados pelas suas crenças e valores e uma grade parte delas deriva de processos inconscientes" (GUERREIRO ET AL.:2000, p.5) – forem compreendidos a partir do conceito de representações sociais, conforme será desenvolvido à frente.

Justificando a relação estabelecida acima, Jung (2001, p.67) afirma terem as representações inúmeras variações de detalhes, sendo que essas representações, e não as suas variações, é que são sustentadas por uma tendência, a que chamou de arquétipo.

A herança arquetípica diz respeito às "imagens primordiais", às tendências para formar essas mesmas representações, sendo estas originadas na consciência (ou adquiridas por ela), e não suas formas de expressão. Como o motivo "irmãos inimigos", as representações são várias, mas em si conservam o mesmo motivo.

---

[111] Para uma leitura mais aprofundada, cf. JOST DE MORAES, Renate. *As chaves do inconsciente*. Petrópolis: Vozes, 2001.

As representações não significam em si uma herança, mas suas formas são herdadas. Uma predisposição ou tendência inata da psique, no sentido de criar uma imagem de caráter universal e uniforme, o que não significa que a imagem assim criada – o "conteúdo" do arquétipo – seja similarmente de caráter universal e uniforme (PALMER:2001, p.151-152).

*"Como uma atividade milenar, a Contabilidade possui base psíquica comum que se assemelha ao conceito de inconsciente, próprio de grupo, constituindo uma espécie de 'inconsciente coletivo dos contadores' ou um repertório grupal, e pessoas sujeitas à sua influência, no seio do qual existe um estrato de inconsciente com formas-pensamento específico"* (GUERREIRO ET AL.:2000, p.16).

Neste repertório grupal, o que o Prof. Guerreiro chama metaforicamente de inconsciente coletivo dos contadores não se enquadra, como ele mesmo afirma, numa descrição estrita de inconsciente coletivo, mas sim num modelo de mapa coletivo e cognições.

E desta forma, inerente é o conceito de percepção, ao se tratar do objeto presente, os contadores e a Contabilidade, e o de representação, quanto ao trato do objeto ausente, o ouvir ou falar sobre os contadores e a Contabilidade. Entretanto, tanto a percepção quanto a representação caracterizam o que Lalande (1996, p.582) conceituou como "o que forma o conteúdo concreto de um ato de pensamento e em especial a reprodução de uma percepção anterior", ou seja, a concretização das formas-pensamento, trabalhadas por Krystal (1990, p.256):

> *"um conjunto de pensamentos, crenças e experiências de muitas pessoas, com relação a um assunto específico, por um longo período de tempo. Um pensamento se fará mais poderoso quanto mais carregado estiver de emoção. Assim, quando um grande número de pessoas se aferra a ele e o alimenta com sua energia, também vai se incrementando a sua potência. Incluem-se nessa categoria todos os rituais, disciplinas ou conjunto de informação religiosa, as crenças, costumes e tradições, hábitos, superstições e toda a diversidade de sistemas de pensamentos que têm sido aceitos por muitos indivíduos ou grupo".*

É uma clara referência à capacidade de administrar a influência que os fatores do inconsciente exercem sobre o homem, ao qual é atribuído todo o mérito. A própria Krystal (1990, p.15) ressalta: "ênfase é 'cortar' os laços que atam os indivíduos ao passado", identificando nesse passado padrões inadequados, como também os padrões tratados nas representações sociais.

Assim, os fenômenos descritos pela autora como "formas-pensamento" parecem mais bem descritos se forem relacionados aos conceitos de imaginário coletivo ou representações sociais.

Ainda que esses processos se fundamentem em elementos que se formam na psique inconsciente, a forma como eles se apresentam evidencia não a existência de uma imagem única inconsciente, mas de representações produzidas sob a sustentação do inconsciente e numa demonstração da indissociação entre esse inconsciente e as noções de indivíduo, grupo ou sociedade.

## 2.7 REPRESENTAÇÕES SOCIAIS

Segundo Lane (1993), os trabalhos que conduziram a construção atual do conceito de representação social partiram de uma postura essencialmente cognitivista, em que estudos e pesquisas demonstraram tratar-se de um conceito globalizante, por meio do qual o indivíduo é concebido como um todo, em que o singular e a totalidade social são indissociáveis, e o indivíduo, ao elaborar e comunicar suas representações, recorre a significados socialmente construídos e a sentidos pessoais decorrentes de suas experiências cognitivas e afetivas.

Sob este ponto de vista, toda forma de percepção social, de leitura e cognição individual do universo circundante poderá ser descrita como representação social.

Afirma Moscovici (1978, p.25-26) que "toda representação é composta de figuras e de expressões socializadas (...). É uma modalidade de conhecimento particular que tem por função a elaboração de comportamentos e a comunicação entre indivíduos".

Apesar de não ter apresentado um conceito definitivo de representações sociais, por considerá-las de fácil compreensão, mas de difícil conceituação, uma vez que estão posicionadas no meio de uma série de conceitos sociológicos e psicológicos, Moscovici, ainda assim, tentou situá-las da seguinte forma:

*"por representações sociais entendemos um conjunto de conceitos, proposições e explicações originadas na vida cotidiana no curso de comunicações interpessoais. Elas são o equivalente, em nossa sociedade, aos mitos e siste-*

*mas de crença das sociedades tradicionais; podem também ser vistas como a versão contemporânea do senso comum"* (MOSCOVICI:1981, p.181).

As representações sociais fazem ecoar a voz comum da sociedade, na expressão de sua percepção, com os olhos que são vistos, as atitudes, os comportamentos e situações. Seu objetivo é tangenciar uma forma abstrata, em real ou ideal, verbalizada por representações, em substituição à materialidade dos fatos. "Alternativamente, o sinal e a reprodução de um objeto socialmente valorizado" (MOSCOVICI:1978, p.27).

Conforme ilustrado no diagrama a seguir (Figura 8), embora perpassada por uma base inconsciente (a), que encontra respaldo na consciência (b), ao transpor a fronteira do inconsciente (e) e identificar-se com o ego (d), a realização das representações sociais (f) se dará pela comunicação interpessoal entre as pessoas e a sociedade da qual também faz parte.

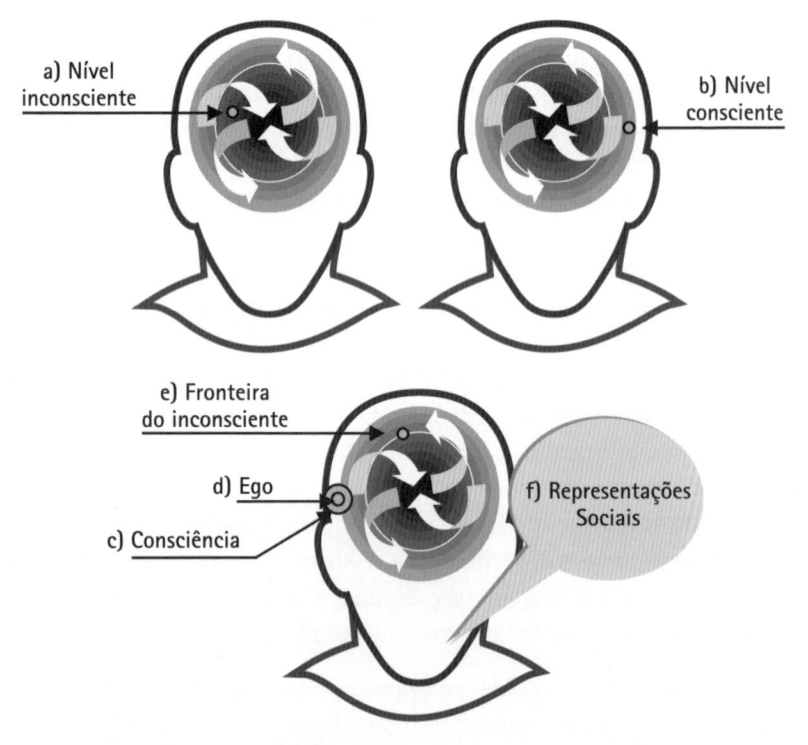

Figura 8 – Caracterização da formação das representações sociais

O conceito de representação social é mencionado pela primeira vez por Moscovici, quando no ano de 1961 foi publicado seu estudo sobre a representação social da psicanálise, intitulado *"La psychanalyse: son image et son public"* (FARR:2001, p.62; JACQUES ET AL.:2001, p.104), sendo este assunto objeto de sua tese, e a segunda edição constituindo o livro propriamente dito.

Para Moscovici (1994, p.8), o conceito de representações sociais tem suas origens na Sociologia e na Antropologia, por meio de Durkheim[112] e de Léyv-Bruhl[113]. Chamado de representação coletiva no início, serviu como elemento básico para a elaboração de uma teria da religião, da magia e do pensamento mítico; hoje, sabe-se ser "não somente selecionar, completar um ser objetivamente determinado com um suplemento de alma subjetiva. É, de fato, ir mais além, edificar uma doutrina que facilite a tarefa de decifrar, predizer ou antecipar os seus atos"[114], o que se procurou demonstrar no diagrama (Figura 9).

No ambiente são captadas as informações que se constituirão em elementos de aprendizagem em uma base consciente ou não, e que se tornarão o "seu" conhecimento a partir de uma imagem socializada, isto é, aceita.

Dessa imagem emerge o elemento de desempenho por intermédio de divulgações que se firmarão por representações sociais. Identificadas essas representações, objetiva-se seu "tratamento" para predizer ou antecipar os seus atos, na tentativa de neutralizá-los, quando de seus reflexos no processo de retorno à sociedade.

---

[112] Emile Durkheim – um dos fundadores da Sociologia e ancestral da Teoria das Representações Sociais de Moscovici. Estabeleceu a distinção entre representações individuais e coletivas (*Représentations individuelles et représentations collectives*. Revue de Metaphysique et de Morale, 1898, p.6, 273-302), distinguindo aí a Sociologia (o estudo das representações coletivas) da Psicologia (o estudo das representações individuais). FARR:2001, p.61, 168, 208.

[113] Lucien Lévy-Bruhl (1857-1939) – antropólogo francês, cunhou o termo *représentations collectives* para indicar as formas socioculturais que se impõem à mente primitiva, ao mesmo tempo em que preexistem e sobrevivem aos membros individuais dos grupos.

[114] JASPERS, K. *Psychologie der Weltanschauungen*, Berlim, Springer, 1954, apud MOSCOVICI, *A representação social na psicanálise*, 1978, p.27.

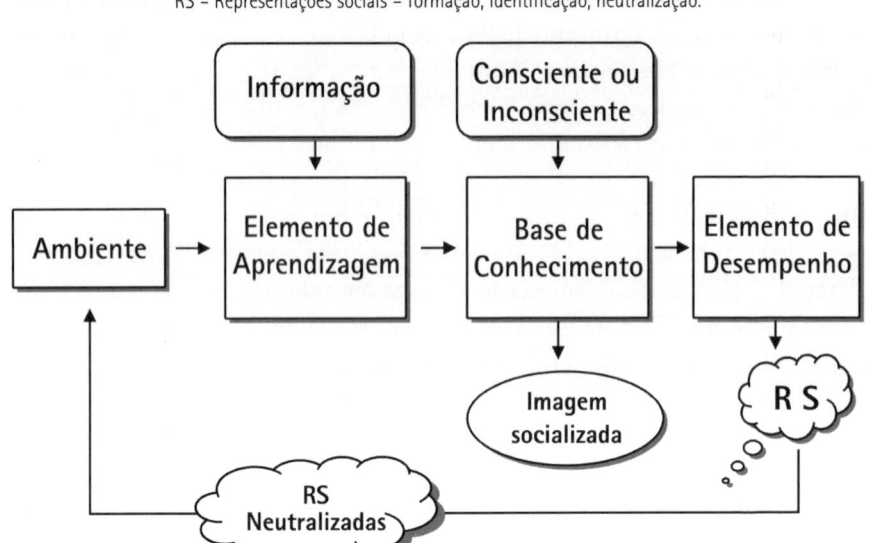

RS – Representações sociais – formação, identificação, neutralização.

**Figura 9:** Modelo simples de formação e identificação de representações sociais, para um trabalho de neutralização de seus reflexos no retorno à sociedade. Adap. do modelo simples de aprendizagem de máquinas (HAYKIN:2001, p.61).

Também para Lane (1993, p.62), "representação social seria a verbalização das concepções que um indivíduo tem do mundo que o cerca", o que se pode entender tratar-se do "eu" exteriorizado a partir de uma base inconsciente que, em contato com o exterior, se vê refletido nos conceitos que ali são formados, numa proporção uniforme e de grande abrangência, por meio da função do sistema visual do ser ambiente à nossa volta e, mais importante, fornecer a informação de que necessitamos para *interagir* com o ambiente".

Sob essa base inconsciente, numa variante dos seus "conteúdos", ou seja, os arquétipos, em que os "motivos" ou "resíduos arcaicos" se repetem (JUNG:2001, p.67), o antropólogo francês Lucien Lévy-Bruhl cunhou o termo *représentations collectives* para indicar as formas socioculturais que se impõem à mente primitiva, ao mesmo tempo em que preexistem e sobrevivem aos membros individuais dos grupos (cf. nota nº 113).

Sob a dimensão de interatividade, emerge o conceito de "familiar" e "não familiar", que será tratado no tópico seguinte.

Para Guareschi (1996a), são muitos os elementos que costumam estar presente na noção de representações sociais.

*"Nelas há elementos dinâmicos e explicativos, tanto na realidade social, física ou cultural; elas possuem uma dimensão histórica e transformadora; nelas estão presentes aspectos culturais, cognitivo e valorativo, isto é, ideológicos. Esses elementos das representações sociais estão sempre presentes nos objetos e nos sujeitos; por isso as representações sociais são sempre relacionais e, portanto, sociais."*

Cabe às representações sociais organizar esses elementos de forma a sociabilizá-los, e essa organização se dará dentro dos aspectos relacionais em que se encontrarem inseridas, o que as tornam diferentes, embora seja considerada a coletividade da percepção dos indivíduos envolvidos. "Encarada de um modo passivo, ela é apreendida a título de reflexo, nas consciências individual ou coletiva de objeto, de um feixe de idéias que lhe são exteriores" (MOSCOVICI:1978, p.25), o que significa dizer: a aprendizagem a partir de uma base comum disseminada na sociedade, uma espécie de inteligência comum.

Em analogia ao que se configurou como os três componentes principais do sistema de IA (inteligência artificial) – representação, aprendizagem e raciocínio (HAYKIN:2001, p.59-60) – a Teoria das Representações Sociais, configurada sob a égide de um inteligência de "senso comum", também figura sobre três pilares: linguagem, aprendizagem e representação, já que se originaram da contribuição da teoria da linguagem de Saussure; da Teoria das Representações Infantis de Piaget e Malrieu; e da Teoria do Desenvolvimento Cultural de Vigotsky e Leontiev.

Na Teoria da Linguagem, de Saussure, a função primária da linguagem é a comunicação e o intercâmbio social; na Teoria das Representações Infantis, Piaget, juntamente com Malrieu, apontam para a gênese social das representações da criança e como ela desenvolve sua visão de mundo (aprendizagem); e na Teoria do Desenvolvimento Cultural, de Vigotsky e Leontiev, se concebe o ser humano como manifestação de uma totalidade histórico-social (racional) (LANE:1985, p.33; JACQUES ET AL.:2001, p.104).

Neste contexto, no diagrama a seguir (Figura 10), são ilustrados os três componentes mencionados: a linguagem, representando a comunicação entre os indivíduos, a aprendizagem por meio da comunicação socializada, e a representação como resultado estabelecido entre a linguagem e o aprendizado.

Componentes principais de uma representação social:

- Linguagem Comunicação
- Representação
- Sociedade Racional

Figura 10 - Ilustração dos três componentes principais de uma representação social. Adap. da ilustração dos três componentes principais de um sistema de IA (HAYKIN:2001, p.60). IA - inteligência artificial[115].

A Teoria das Representações Sociais pode ser considerada (pelo menos na pesquisa francesa, país onde Moscovici nasceu e desenvolveu seus trabalhos, e a partir dos estudos de Durkheim) como uma forma sociológica de Psicologia Social (FARR:2001, p.62, 162), uma vez que nos Estados Unidos, por exemplo, não há qualquer ligação formal entre as formas sociológica e psicológica de pesquisa social.

As representações individuais ou sociais dispõem o mundo como imaginamos que ele seja ou deva ser. São dinâmicas frente às circunstâncias e, por isso, específicas e criativas, o que as difere das noções sociológicas e psicológicas.

Por meio das representações sociais os grupos compartilham visões e regem, subseqüentemente, as condutas desejáveis ou admitidas, sendo ne-

---

[115] Ramo das Ciências da Computação, uma das disciplinas que estudam os fenômenos mentais de comportamento, que integram o termo *ciências cognitivas* e do qual também fazem parte a Psicologia Cognitiva e as Neurociências.

*Por ciências cognitivas entende-se "uma abordagem interdisciplinar, que utiliza noções de psicologia, da informática e da neurofisiologia do sistema nervos" (MAZZOTTI & GEWANDSZNAJDER:2002, p.61).

las tratados os "porquês" e "como", propiciando assim o enriquecimento da tessitura do que é, para cada um de nós, realidade, tornando-as aplicáveis em determinadas zonas de existência e de atividades.

O que seja recalque, felicidade, complexo, psicologia, medicina, ou Contabilidade, por exemplo, tudo se converte em conhecimento, a partir de um trabalho de transformação, de evolução, passando a ser usado pela maioria das pessoas na vida cotidiana, sob uma nova visão epistemológica. Para Lane (1978, p.50) seu *status* é "o de uma produção de comportamentos e de relações com o meio ambiente, de uma ação que modifica aqueles e estas, e não de uma reprodução desses comportamentos ou dessas relações, de uma reação a um dado estímulo exterior".

Em sua discussão e análise, as representações sociais se destacam, segundo De Rosa (1994, p.273-303), em três níveis: "nível fenomenológico, nível teórico e nível metateórico". No nível fenomenológico, são objetos de investigação, objetos estes da realidade social, como modos de conhecimentos, saberes do senso comum, que surgem e se legitimam na conversação interpessoal cotidiana. Seu objetivo é compreender e controlar a realidade social. No nível teórico, são um conjunto de definições conceituais e metodológicas, construtos, generalizações e proposições referentes às representações sociais. Já no nível metateórico, o nível das discussões sobre a teoria, é que são debatidas as críticas com respeito aos postulados e pressupostos da teoria e sua comparação com modelos teóricos de outras teorias.

No presente estudo será abordado o nível fenomenológico, por tratar diretamente o objeto da pesquisa, ou seja, as próprias representações sociais que contribuem para a construção do imaginário coletivo sobre o contador e a Contabilidade.

## 2.7.1 O PORQUÊ DAS REPRESENTAÇÕES SOCIAIS NA PRESENTE INVESTIGAÇÃO

Segundo Jacques et al. (2001, p.107-117), pelas representações sociais busca-se conhecer o modo como um grupo humano constrói um conjunto de saberes que expressam a identidade de um grupo social, as representações que ele forma sobre uma diversidade de objetos, tanto próximos como remotos e, principalmente, o conjunto dos códigos culturais que definem, em cada momento histórico, as regras de uma comunicação.

Como foi observado por Paladini (2000, p.26), por cultura se entende...

*"um conjunto de valores que a sociedade atribui a determinados elementos, situações, idéias etc. Assim, pode-se entender que o processo cultural é uma forma de atribuição de valor à qualidade ou, mais em geral, é a atenção que se dedica à questão".*

Como contribuição ao presente estudo e seu resultado, a teoria das representações sociais é capaz de descrever, mostrar uma realidade, um fenômeno que existe e do qual muitas vezes não nos damos conta, mas que possui grande poder mobilizador e explicativo na compreensão do comportamento das pessoas.

Trata-se do conhecimento constituído e partilhado entre pessoas, saberes específicos da realidade social, que surgem em seu dia-a-dia, no decorrer das comunicações interpessoais, buscando-se, assim, a compreensão dos fenômenos caracteristicamente sociais, que são formados por meio das produções mentais coletivas que emergem da "ação recíproca de muitos indivíduos" (WUNDT[116]:1916, p.3).

Por meio das representações sociais, tornou-se possível o estudo dos saberes do senso comum, que valorizam o conhecimento popular, sendo reconhecida e relevante sua influência na sociedade, o que lhes conferiu a categoria de estudo científico.

Outros importantes postulados também podem se combinar no emprego do conceito de representações sociais, independentemente da versatilidade de seu conceito – é um conceito abrangente, que compreende outros conceitos, tais como: atitudes, opiniões, imagens e ramos de conhecimento; possui poder explanatório, não substituindo, mas incorporando os outros conceitos, na busca da explicação causal dos fenômenos, e tem no elemento social a constituição das representações sociais, não fazendo dela uma entidade separada. "Nas representações sociais, o social não determina a pessoa, mas é substantivo dela. O ser humano é tomado como essencialmente social" (JACQUES ET AL.:2001, p.107).

A Contabilidade, como ciência social, trata, no seu bojo, essencialmente do comportamento das riquezas traduzidas em patrimônio, do comportamento em si, resultado das ações dos donos desse patrimônio, cujo entorno

---

[116] Wilhelm Wundt, fundador da Psicologia como ciência experimental e social.

na sociedade contribui para o surgimento dos fenômenos traduzidos por representações sociais, sejam sobre o contador, sejam sobre a Contabilidade.

## 2.7.2 REPRESENTAÇÕES SOCIAIS DO CONTADOR E DA CONTABILIDADE

As representações sociais sobre o contador e a Contabilidade adquirem contornos de grande poder imaginativo, às vezes pitorescos, quando sua filosofia e até mesmo seu conceito de ciência, desconhecido da grande maioria, aportam numa espécie de "válvula de escape" – mecanismo presente na Antropologia Social e Filosófica, e ainda na Psicologia; especificamente a Psicologia Social, sob o enfoque do conceito do que seja "familiar" e o "não familiar".

Os conceitos de "familiar" e "não familiar": Jacques et al. (2001, p.108-109) entendem que tais postulados representam a razão pela qual são criadas as representações sociais, no intuito de tornar familiar o que não é familiar. Esses conceitos, quando abordados à luz da Psicologia Social, devem ser estudados a partir das noções de Universos Reificados (UR) e de Universos Consensuais (UC), que, por sua vez, dividem a sociedade em dois tipos de pensamentos:

> "Nos UR, que são muito restritos, circulam as ciências, a objetividade, ou as teorizações abstratas. Nos UC, que são as teorias do senso comum, encontram-se as práticas interativas do dia-a-dia e a produção de representações sociais".

A razão do não familiar encontra-se dentro do UR das ciências e, naturalmente, deve ser transferido do UC do dia-a-dia, caso contrário não se justificaria. Tendencialmente, o grupo que compõe o UR apresenta-se reduzido, por se tratar de um conhecimento cuja estrutura diverge da estrutura do grupo do UC.

Nos UR, são necessários conhecimentos melhores e mais bem elaborados, enquanto nos UC os conhecimentos necessariamente não requerem o volume e o grau de aprofundamento requeridos nos UR.

Sob a imagem de agente "passivo", nos UC, o processo de assimilação da comunicação pretendida, que pode ser de fácil ou difícil disseminação e entendimento, é reformulado, diante da necessidade de "familiarização". Uma vez "familiarizado" com o comunicado, esse agente, de forma natural, sugere não se sentir ameaçado, em quaisquer circunstâncias que se apresentem. Dentro desse contexto, podem-se comentar alguns conceitos de Contabilidade e as imagens veiculadas a seu respeito e por extensão do contador.

Sem a preocupação de trazer conceitos sob uma ênfase erudita, mas como uma tentativa de aproximação dentro da linha "familiar", como sustentado por Most[117], optamos por uma definição a partir de sua função. "A função primordial da Contabilidade é acumular e comunicar informações essenciais para uma compreensão das atividades de uma empresa".

Na mesma linha, Iudícibus (2000, p.20) enfatiza que "o objetivo básico dos demonstrativos financeiros é prover informação útil para a tomada de decisões", posição que classifica a disciplina no rol das ciências sociais, quando se trata do estudo dos fenômenos patrimoniais, a partir da mensuração em seus aspectos quantitativos e qualitativos.

Pode-se compreender a Contabilidade, nesse sentido, como um sistema de informação, fato que parece não ser percebido, compreendido, ou "familiar" à maioria de seus usuários, incluindo aí "contadores" que sequer sabem que não são contadores.

Sob este aspecto, discute-se uma Contabilidade "ortodoxa" no senso comum do universo de quem se encontra lidando com ela, seja sob o aspecto de execução, análise, produção, divulgação, ou sob a posição de usuários indiretos no papel de fornecedores, clientes, órgãos fiscalizadores, investidores, proprietários, enfim, em todas as suas versões.

Pautado no propósito de uma aplicação hermeticamente fechada sob a luz de princípios, normas e padrões contábeis, não se discutindo seu entorno, pode-se chegar a um impasse, quando do posicionamento de seus usuários, ao relutarem por arcar com custos que concluíram lhes trazer pequenos benefícios. Conforme Hendriksen & Breda (1999, p.84), "todos tendem a sucumbir à força dos argumentos econômicos".

Entretanto, cabe à Contabilidade "criar" valor. De origem francesa, a palavra valor significa "ser útil", e seu conceito passa por duas dimensões: uma de ordem moral e outra de ordem material. Na Contabilidade, como bem traduzido por Most (1977, p.232, 233), valor é "a representação de qualquer coisa em dinheiro ou como qualquer operação que resulte da representação de um objeto numa determinada quantia em dinheiro".

---

[117] Observação do autor: "como uma definição trabalhada podemos aceitar a seguinte criação de uma comissão da American Accounting Association – Accounting and Reporting Standards for Corporate Financial Statement – 1977 – Revisado".

O termo "dar" ou "criar" valor, bastante adequado ao seu propósito, hoje, na contemporaneidade de seus dias, se resguarda das palavras de Gerboth[118]:

> *"no entanto, quando a Contabilidade é desafiada como nunca o foi, é preciso que consiga orientação a partir de seus valores, e não de seus conceitos; deve buscar segurança em sua conduta profissional, e não em sua estrutura intelectual; em resumo deve preocupar-se com o comportamento dos contadores, e não com a teoria".*

Em um paralelo ao que ocorreu com os escribas, a sociedade parece não perceber ou não querer perceber o exato papel do contador e da Contabilidade. Na Mesopotâmia, a habilidade de leitura dos escribas sem dúvida também era essencial. "Mas nem o nome dado à sua ocupação, nem a percepção social de suas atividades reconhecia o ato de ler, concentrando-se quase exclusivamente em sua capacidade de registrar" (MANGUEL:2001, p.208).

E para tal posição havia uma explicação:

> *"No âmbito público, era mais seguro para o escriba ser visto não como alguém que <u>buscava e reconstituía informações</u>[119] (e, portanto, que podia imbuí-las de sentido), mas como alguém que simplesmente as registrava para o bem público. Embora ele fosse capaz de ser os olhos e a língua de um general ou mesmo de um rei, era melhor não alardear esse poder político. Por isso, o símbolo de Nisaba, a deusa mesopotâmica dos escribas, era um estilete, não a tabuleta mantida diante dos olhos"* (MANGUEL:2001, p.208).

Sob as observações de comportamento e percepção, tanto no que diz respeito à teoria da Contabilidade, sua aplicabilidade, como o papel dos contadores, podem ser identificadas imagens divulgadas, *charges* e comentários expressivos da relação contador, Contabilidade e a sociedade em muitas citações, por exemplo:

> . *"Aquele que sabe o custo de tudo e o valor de nada*[120]."

---

[118] GERBOTH, *apud* HENDRIKSEN, Eldon S. & VAN BREDA, Michael F. *Teoria da contabildade*. Trad. Antônio Zoratto Sanvicente. São Paulo, 1999, p.85.

[119] Grifo da Autora.

[120] Cf. www.google.com.br, http://www.fisicaju.com.br/humor/definicoes.htm, portal das curiosidades, *Pequeno dicionário de definições*, acesso: 10 mai. 2002.

Este é um provável reflexo da circulação de uma Contabilidade Financeira, à luz de preceitos normativos que priorizam os custos incorridos, não se discutindo as informações geradas, ou talvez não se discutindo o foco a ser alcançado na necessidade do usuário. De outra forma, pronunciam-se Iudícibus & Marion (2000, p.44): "contabilidade geral [é aquela] necessária a todas as empresas, que fornece informações básicas aos seus usuários e é obrigatória, conforme a legislação comercial".

. "*Preenchedores de formulários*[121]."

Em vista da alta burocracia em que se encontra a Contabilidade, no atendimento às obrigações compulsórias essenciais ou acessórias, ligadas principalmente ao fisco, muitas vezes este é o único argumento à contratação dos serviços de uma Contabilidade ou de um contador. Por fim, na modelagem da alcunha de especialistas em tributos;

. "*Como você sabe, é somente um dado contábil*[122]."

Isto é dito em alusão ao distanciamento de uma Contabilidade pautada por princípios e normas diversas, de uma Contabilidade em que o patrimônio se traduz pela realidade dos fatos. Privada de um exercício crítico, sob a hipótese de que os princípios somente assim figuram por terem sido tacitamente aceitos, e por serem as normas compulsórias, privilegia-se uma dissociação entre a realidade das variações patrimoniais e o engessamento a que se submetem muito de seus profissionais.

É resultado, talvez, de uma formação a que são submetidos, seja academicamente[123], por intermédio de órgãos de classes, ou mesmo e principalmente fiscal, como observado por Hendriksen & Breda (1999, p.74): "Prin-

---

[121] IUDÍCIUS, Sérgio de; CARVALHO, L. Nelson Guedes de. Por que devemos ousar em Contabilidade. *Boletim do Ibracon*. Publicação do Instituto Brasileiro de Contadores. Ano XXIII, mai. 2001, nº 276, p.2.

[122] Expressão das mais usadas pelos usuários da Contabilidade, principalmente quando mais lhes convém.

[123] Por causa do arranjo singular dos cursos de Contabilidade Inicial no currículo da maioria das escolas de negócios, os principais objetivos da Contabilidade Inicial deveriam enfocar:

1- Estabelecer o papel e a função das organizações na sociedade; 2- Desenvolver a compreensão de como a informação é usada nas organizações como base para decisões; 3- Entender como a mensuração contábil e os processos de demonstração chegam para as necessidades de formação; 4- Demonstrar como os dados internos e externos são usados por gerentes e investidores para entender os maiores acontecimentos que ocorreram durante o período abordado; 5- Mostrar como a compreensão de fatos passados leva a novas decisões em relação a futuros investimentos, estratégias e ações; e 6- Atrair estudantes com bons argumentos e práticas analíticas para uma melhor contabilidade (BALDWIN & INGRAM:1991, p.6).

cípios de Contabilidade pode ser um primeiro curso, mas dificilmente pode ser um curso tratando das verdades fundamentais da Contabilidade";

. *"Quando não tinha Contabilidade tudo era mais fácil[124]."*

Esta fala é uma provável referência à "interferência" da Contabilidade na gerência dos negócios. Visto que esta atividade é o espelho das ações ministradas sobre o patrimônio em questão, a interferência contábil assume um caráter avaliativo ou perturbador pela implementação dessas ações. Por outro lado, sob uma gestão séria e/ou que interage com patrimônios que envolvem negociações de vulto, a atuação da Contabilidade se torna imprescindível, e com destaque são ressaltadas suas especializações e sua compreensão por seus usuários, como linguagem efetiva que é dos negócios.

Como exemplo desse posicionamento, os negócios – sejam eles estratégicos, essenciais, de conveniência ou não, na dimensão que o termo encerra, intrínseco – estão em seus números movimentados ou gerados. Cabe a leitura desses números pela Contabilidade, leitura cujo objetivo é essencialmente informar.

*"A discussão sobre a ALCA[125] precisa incluir a harmonização de critérios contábeis para que empresas possam realmente operar na região inteira... Muitas empresas no Brasil já adotam o padrão contábil europeu[126], o IASC. Mas a mais importante bolsa de ações do mundo está em Nova York, podendo ser mais útil adotar o sistema americano, os US GAAP. Este, entretanto, é tão detalhista que 'oculta a visão global da atuação da empresa'" (Amcham[127], Comitê de Finanças, São Paulo, mai. 2002).*

. Em *"Alfredo Virou a Mão"*[128], uma peça teatral.

Esta é a narrativa de um empresário que não agüenta mais a pressão de seu sócio e o mau humor do contador da firma. Estressado, procura um médico, que lhe passa uma receita inusitada, cabendo aqui a representação do profissional contador como portador de característica pouco agradável:

---

[124] Fala de um cliente no escritório Guadalupe Dias – Contabilidade e Auditoria.

[125] Área de Livre Comércio das Américas.

[126] *IASC* – Embora mencionado como padrão europeu de normas contábeis, trata-se do Padrão Internacional de Contabilidade.

[127] Revista da Câmara Americana de Comércio.

[128] Peça teatral de João Bethencourt. Belo Horizonte, MG, jan. 2002.

mal humorado, mas que sugere uma aceitabilidade pelo público, uma vez que integra o *folder* da propaganda da peça.

Identificou-se no presente trabalho que até mesmo as publicações técnicas da área estão repletas desse tipo de comentário, alguns dos quais foram recolhidos.

Braga (1991, p.19) nos traz[129]:

. *"Há quem diga que a Contabilidade é um mal necessário. Outros dizem que se não fosse essa legislação ultrapassada, já estaríamos livres da burocracia inútil de escriturar livros, elaborar balanças, fazer publicações e outras exigências onerosas e descabidas";*

. *"Um gerente de banco falou que 'não dá para decidir em cima desses balanços que andam por aí, eles são todos falsos'";*

. *"Um inventor disse que 'os pareceres de auditoria dizem sempre a mesma coisa, ninguém entende o que querem dizer; está sempre bem no final'";*

. *"Um dirigente de empresas perguntou-se da necessidade de tantas normas sobre demonstração contábeis e auditoria, se essas coisas não despertam o menor interesse na maioria das pessoas. 'Tais exigências devem ter caráter corporativista', dizia ele, 'já que os órgãos governamentais estão cheios de contadores', completou".*

Ao apresentar o trabalho *O papel dos contadores na melhoria do desempenho dos negócios*, Macfarlane (1995, p.3) também aponta observações e críticas sobre os contadores profissionais:

. *Sobre a Demonstração do Resultado: "a linha do lucro é como um haggis – se alguém soubesse do que é feito, não o comeria de jeito nenhum"*[130].

. *Sobre o Balanço Patrimonial: "uma das áreas mais nebulosas da Contabilidade"*[131].

---

[129] BRAGA, Hugo Rocha. A Contabilidade ajuda ou atrapalha? *Revista Brasileira de Contabilidade*. Ano XX, nº 75, abr.-jun. 1991, p.19.

[130] David Tweedie, presidente da Junta de Normas Contábeis do Reino Unido, jun. 1992.

\* Nota para contadores não escoceses: *haggis* é um prato típico [!] escocês, feito de coração, pulmões, fígado e outros temperos e condimentos não mencionáveis, tudo isso cozido junto no estômago de um carneiro.

[131] Artigo *"Think of a number"* ("Pense em um número"), revista *The Economist*, jan. 1992.

. Sobre as regras de consolidação: *"uma mixórdia contábil que resulta em um fiasco retumbante"*[132].

. Sobre os contadores: *"nunca a reputação dos contadores esteve tão péssima"*[133].

Todas as observações são quanto ao questionamento da efetividade das informações contábeis, produto talvez de uma legislação societária que, inevitavelmente, se apresenta como coercitiva, resultando em procedimentos contrários à ciência, no aceite inegável do que se sabe ser incorreto.

. *"Contabilidade financeira: responsável pela escrituração oficial*[134].*"*

É utilizada como uma dissecação do processo contábil oficial e não oficial, passivo diante de uma realidade emoldurada. Talvez queira se referir a uma Contabilidade Gerencial, cujo objetivo é procurar minimizar as lacunas ou disponibilizar mais que "informações básicas" a seus usuários, a partir de procedimentos de coleta de dados e análise das informações fornecidas pela Contabilidade Financeira e Contabilidade de Custos. Desta forma subsidia o processo de tomada de decisões, que, por características, não se encontra vinculada a princípios e legislações como a Contabilidade Comercial e Fiscal.

. *"Que os céus não permitam que um contador domine uma empresa! Tudo o que eles fazem é olhar para os números, demitir gente e aniquilar o negócio. Sei disso porque contrato contadores. Tudo o que eles pensam é cortar custos e aumentar preços, o que causa mais problemas. A Contabilidade é importante. Gostaria que mais gente a conhecesse, mas, ao mesmo tempo, ela não mostra tudo*[135].*"*

Como se trata de um comentário feito no exterior, corrobora o fato de que uma Contabilidade pautada em legislação societária, seja no Brasil, ou em qualquer outro ponto do planeta, extirpa desta ciência seu real sentido, que é

---

[132] Dana Weschsler, revista *Forbes*, nov. 1989.

[133] Artigo *"Accountancy's big chance"* ("A grande chance da Contabilidade"), revista *The Economist*, jan. 1992.

[134] COELHO, Márcio Novaes. *Por que é comum a afirmação: 'A Contabilidade não serve para nada'?* Dissertação apresentada à Escola Politécnica da Universidade de São Paulo para obtenção do título de Mestre em Engenharia. São Paulo, 1993, p.52.

[135] KIYOSAKI, Robert T.; LECHTER, Sharon L. *Pai rico, pai pobre.* Trad. Maria Monteiro. Rio de Janeiro: Campus, 2000, p.53.

gerar informações a partir do patrimônio demonstrado, em função de suas variações. Se assim não acontece, não se está falando de Contabilidade, pois mostrar "tudo" o que se passa com o patrimônio é objetivo da Contabilidade.

Em se tratando do Brasil, Iudícibus & Carvalho (2001, p.4) comentam:

> "A legislação societária no Brasil, dentro do figurino conformista internacional da prática contábil atual, é bastante detalhada e complexa em sua operacionalização e exige enorme dedicação de tempo de estudo e aperfeiçoamento para ser atendida e aplicada, deixando pouco tempo adicional para se pensar criticamente nela ou tentar apresentar sugestões para sua maior relevância."

Continuando os trabalhos, identifica-se a figura quase mitológica do guarda-livros:

> . "Se uma pessoa leiga for perguntada sobre Contabilidade, com certeza exaltará a organização, a boa caligrafia e a habilidade de fazer contas do profissional. Pode-se observar isso inclusive em clássicos da literatura. Eça de Queiroz diz em A relíquia que, por ter boa caligrafia e saber somar, a personagem do romance poderia se aposentar trabalhando como guarda-livros[136]."

O guarda-livros, termo em desuso para a Contabilidade, encerrava princípios e atribuições que não são compatíveis com os propósitos da Contabilidade. Para o guarda-livros, as atribuições se resumiam à guarda dos livros do comércio, após impecável "escrita" e operações matemáticas, corretamente efetuadas e completadas pela assinatura do comerciante. Pela igualdade do objeto tratado, o patrimônio, cria-se um paradoxo que se impregna, no imaginário das pessoas, expectativas como as mencionadas quanto à pessoa do contador, e que parecem ainda persistir, conforme o comentário de Nakagawa & Voltaine (2001, p.2):

> "Este personagem é encontrado em diversos países; suas características essenciais eram a boa caligrafia e a capacidade de realizar somas e subtrações de modo rápido e seguro, sendo responsável pela parte operacional da Contabilidade: a arte da escrituração."

---

[136] NAKAGAWA, Massayuki; VOLTAINE, Clause Oliboni. Contador: liberte-se! 1º Seminário USP de Contabilidade. Realização: Faculdade de Economia, Administração e Contabilidade – AC/FEA/USP, 1º-2 out. 2001. <http://www.eac.fea.usp/br/eac/seminario/arquivos/htm/14.htm. p.2>. Acesso: 21 mar. 2002.

Quando abordados por pesquisadores, assim se pronunciaram os entrevistados não ligados à profissão contábil, inquiridos sobre o papel do contador:

. "... 'apurar impostos', seguindo de 'fazer Imposto de Renda', 'atendimento à fiscalização', e 'fazer escrituração', além de indicações espontâneas como: 'serviços de cartório' e 'obtenção de vias de documentos'"[137].

Observa-se o desconhecimento das pessoas ao atribuírem aos contadores e, conseqüentemente, à Contabilidade, funções que nem mesmo fazem parte de seu universo, e das quais sequer se aproximam; tendem a associar as funções contábeis ao que seja mais visível, ou seja, registros e apuração de impostos.

. "E nas empresas, não há contagem mais simples que o resultado do balanço[138]."

Este comentário está pautado no entendimento de que este resultado é a extração de uma "receita" baseada em princípios, normas e aparatos fiscais, cujo processo de julgamento se tornaria desnecessário e até mesmo inexistente, e sugere que a atribuição trata de matéria simples e mecânica.

Entretanto, ainda assim, a verdade contraria tal simplicidade e facilidade mecânica, haja vista a necessidade de um entendimento mínimo sobre o exercício da Contabilidade, em nível de globalização, harmonização e integração, partindo para princípios, normas que sejam "efetivamente *fundamentais*, para constituírem realmente o *substratum* da Contabilidade (principalmente a gerencial) numa camisa de força, vamos dizer assim, *teutônica*" (IUDÍCIBUS:1998, p.9).

Bergamini (1979, p. 38), discorrendo sobre "Profissionais em Psicologia e suas especializações", lembra que no Brasil já se vê distanciado o tempo de se atribuir ao dono da empresa uma multiplicidade incontável de atribuições ditas de direção, como o trato direto com o pessoal, e comenta: "Quando isso não ocorria, era também comum verem-se essas atividades atribuídas a chefes do pessoal de baixa formação escolar, ou ao contador-geral da empresa".

---

[137] SALADINO, Angélica C. dos Reis. *Um estudo sobre a imagem do contador*. São Paulo, 1996. Monografia (Graduação), Faculdade de Economia, Administração e Contabilidade de Universidade de São Paulo.

[138] NASCH, Laura L. O inexorável resultado do balanço. In. *Ética nas empresas:* Guia prático para soluções de problemas éticos nas empresas, 2001, p.120.

Sob novo enfoque da atuação científica da psicologia nas empresas, afirma: "vemos, então, que paulatinamente vão se restringindo os limites de ação do tradicional chefe de pessoal e do contador-geral" (idem, p.39).

Vê-se nessas expressões uma percepção distorcida, em sua essência, da atuação do contador e da dimensão da Contabilidade, isto é, a mensuração do patrimônio, objeto da riqueza na empresa administrada.

Do contador sabe-se sua participação, e ele é chamado ao processo de identificação, mensuração e informação das riquezas. Sabe-se também que tais indivíduos, em analogia, "não são donos de operar seus posicionamentos, pois, pelo contrário, este posicionamento é que estabelece suas identidades" (LANE:1985, p.37); paralelamente, não é pouco comum que seus estereótipos se apresentem sob forma de representações sociais, como é alardeado por profissionais como *headhunters*, que, em entrevistas veiculadas por revistas de repercussão, rotulam, por exemplo, os profissionais e a própria Contabilidade.

O que os recrutadores pensam ao bater os olhos nos sapatos do candidato durante uma entrevista de trabalho? Neste exemplo, temos pés calçados por sapatos pretos, verniz quebrado, bico quadrado e fivelas; o que sugere ao leitor um perfil desleixado, um tanto quanto *démodé*. E assim, Diz (2001, p.120-121) se pronuncia:

> *"Esse rapaz (ou seria um senhor?) me parece pouco imaginativo, conservador e um tanto piegas, porém fiel e trabalhador. Eu diria que o lugar dele é no Departamento de Contabilidade."*

Ora, se um *headhunter*, identificador de competências traduzidas em talentos, experiência, educação, autodesenvolvimento, tem por parâmetro perfis como o retratado, novamente se apresenta uma dissociação entre o profissional da Contabilidade (e a própria Contabilidade) e as expectativas dos empregadores, neste caso, quando a contratação, sob este perfil, atrairia para a empresa uma caricatura mal feita a ser disposta em meio a "quadros" numa galeria de arte.

Este é um típico caso de uma representação social, reificado por quem se encontra fora do universo da Contabilidade. Por outro lado, em referência às representações sociais, de quem se encontra no universo da Contabilidade, Iudícibus (2000, p.330) comenta:

*"(...) entretanto, o estudioso em geral, o professor de Contabilidade e o profissional sentem-se confusos no momento, em virtude de certa indefinição dos limites de atuação da Contabilidade. Pode ficar perplexo, por exemplo, ao compulsar, digamos, a revista The Accounting Review, editada pela AAA (American Accounting Association) nos últimos anos, e notar uma enorme quantificação da Contabilidade. Afinal, estaremos em Microeconomia, Econometria ou Contabilidade? (...) Entramos em outro mundo, talvez o da <u>Contabilometria ou Contimetria</u>[139], ou seja, um mundo desconhecido e, de certa forma, assustador. Por outro lado, analisando o trabalho de uma equipe de auditoria, no campo, verificamos que o aluno, recém-saído do curso de graduação, fica, na verdade, realizando somas e subtrações e colocando estranhos sinais nos cantos das páginas. Que profissão é essa? Que disciplina é esta em que os contrastes são tão brutais?"*

Comentando o relatório publicado em 1973 pelo AICPA (American Institute of Certified Public Accountants), Iudícibus (2000, p.20) resgata e Contabilidade em seu papel primeiro, que, ao longo dos tempos, permanece inalterada. Segundo Iudícibus:

*"A função fundamental da Contabilidade (...) tem permanecido inalterada desde seus primórdios. Sua finalidade é prover os usuários dos demonstrativos financeiros com informações que os ajudarão a tomar decisões."*

Em qualquer âmbito, público ou privado, a Contabilidade está presente no processo de decisão, poder contextualizado de forma "rica", mas que, invariavelmente, se reflete em representações sociais equivocadas. Análogo às idéias disfuncionais, em meio a um processo que afeta o âmago do espírito da sociedade, segundo Hillman (2001, p.26-27), esse processo deve ser tratado como um todo, pois a ele é atribuído o sentido de coletividade e apenas secundariamente individual, sendo necessário tanto o tratamento das idéias disfuncionais, como dos portadores e vítimas dessas idéias.

. *"(...) de acordo com <u>um regulamento</u>[140] conhecido como Princípios de Contabilidade Geralmente Aceitos".*

---

[139] Grifo da Autora.
[140] Grifo da Autora.

Este foi o argumento dado de forma pormenorizada, pelo jornalista, à justificativa da obrigatoriedade da empresa IBM (International Business Machines), de reclassificar os lucros trimestrais prévios divulgados das divisões que estão operando e as divisões que se encontram desativadas. No caso, a divisão desativada de discos rígidos havia pagado um imposto de US$ 515 milhões, o que a levou à situação de prejuízo, resultado dos últimos cinco trimestres.

*"Um dos grandes defeitos do Brasil é que aqui as coisas são governadas com contabilidade, sem levar em conta a sutileza política[141]."*

Esta é a fala de um dos candidatos à presidência da República do Brasil nas eleições de 2002, ao criticar a Lei de Responsabilidade Fiscal[142], que inibe o gasto público, cujo comprometimento deve se submeter ao Orçamento da União.

Diferentemente, *Wall Street*, maior centro financeiro do mundo, diante dos escândalos contábeis que solapavam a Bolsa de Nova York, reage e cobra mais ações e menos palavras. George Bush, presidente dos Estados Unidos, em meio a esses acontecimentos, declara: "Faremos tudo para acabar com os dias de adulterações dos livros contábeis" (MIKKELSEN:2002, B-10*).

Assim foi no passado, assim é no presente e o que se ratifica é que o cenário não mudará; a Contabilidade permanecerá no processo de tomada de decisões, visto que tem em sua bagagem a ostentação de um instrumental preciso, resguardado o "problema" da subjetividade[143], inerente às Ciências Sociais, e de sua quase sempre subutilização.

No entanto, o que vemos estabelecer-se por meio de representações sociais passa por um estereótipo – contrapondo a essencialidade do trabalho contábil e "um sentimento de que, possivelmente, os usuários ou 'paci-

---

[141] Fala do candidato à presidência da República do Brasil, nas eleições 2002, Luiz Inácio Lula da Silva. *Estado de Minas*, p.2, 13 jul. 2002.

[142] Lei de Responsabilidade Fiscal, Ministério do Planejamento, Lei Complementar nº 101, de 4 de maio de 2000.

* REUTERS – agência de notícias alemã, equivalente à CBN no Brasil. IBM divulga prejuízo de divisão de discos. *O Estado de São Paulo*, Caderno de Economia, B-10, 10 jul. 2002, Randall Mikkelsen, correspondente em Nova York.

[143] No que diz respeito à questão da subjetividade inerente às Ciências Sociais, cabe ressaltar que tal problema reside somente no fato de que é vista sob um ângulo de precisão, exatidão. A objetividade aspirada e reclamada aqui passa pela contextualização, ou seja: "um conhecimento é objetivo se está relacionado a alguma coisa específica, a um objeto de conhecimento específico, a uma zona da realidade" (MOREIRA:2002, p.2), o que deveria *prevalecer* no trato da Contabilidade.

entes' das práticas contábeis atuais estariam entre os mais descontentes[144]" – e por conflitos éticos a permear suas relações.

## 2.8 ESSENCIALIDADE, ÉTICA E DILEMAS ÉTICOS

Na presente investigação, discutir essencialidade, ética e dilemas éticos torna-se relevante, visto que a ética é uma disciplina teórica para o estudo sistemático da moral que, segundo Srour (2000, p.29), "corresponde às representações imaginárias que dizem aos agentes sociais o que se espera deles, quais comportamentos são bem-vindos e quais não".

Em vista disso introduz-se neste ponto o comentário do Prof. Lisboa (1997, p.62-64), que destaca diversas circunstâncias em que os contadores se vêem diante de situações que se apresentam como questões e/ou dilemas éticos.

A ética neste contexto estaria relacionada com a formulação do problema, o que lhe confere certa facilidade e habilidade para ser tratada, bastando para isso, como exemplo, estabelecer procedimentos, como regras e diretrizes claras e objetivas, e política de comunicação adequada.

O dilema ético se relaciona com a solução do problema e, invariavelmente, envolve fatores conflitantes. Sua solução não se apresenta de forma transparente e, normalmente, esses dilemas são causados pela falta de diretrizes claras, ausência de comunicação entre os diferentes níveis hierárquicos e a existência de discussões abertas sobre os problemas que afetam a empresa.

Para Lisboa (1997, p.62), numa situação em que um alto executivo mente e viola as regras de sua instituição reside uma questão claramente ética, em que o problema pode ser facilmente resolvido, pois para esse tipo de conduta já foram estabelecidos os procedimentos a serem implementados.

Por outro lado, a situação do contador, que é solicitado pelo presidente da empresa a assinar um balanço com distorções de *disclosure* (evidenciação), revela conflito de valores pessoais do profissional da Contabilidade: assumir atitude estritamente profissional – não assinando as demonstrações – ou manter o cargo, assinando-as.

---

[144] IUDÍCIBUS, Sérgio de; CARVALHO, L. Nelson Guedes de. Por que devemos ousar em Contabilidade. *Boletim do Ibracon*, op. cit., p.8.

No mesmo sentido escreve Sack (1998, p.201) – "quando você faz uma auditoria para um cliente que está na sua firma por muitos anos, você vai olhar um trabalho que você ou seus colegas na firma fizeram no ano anterior".

É uma questão suprema de ética, porque você tem que dizer – "se eu encontrar alguma coisa errada que nós fizemos no ano passado ou se eu vir alguma coisa que nós omitimos, eu tenho um compromisso com minha firma, com meu cliente, com meus sócios de me apresentar para dizer alguma coisa"? E ainda – "o custo de consertá-lo será muito alto, para mim e para a firma. Eu não tenho a obrigação para com a minha firma e minha família de tentar evitar este custo, a não ser que ele seja absolutamente necessário". Nós já vimos exemplos de pessoas que enfrentaram este problema, mas que, ao se manifestar, foram despedidas.

Sack (1998, p.185), ao responder ao questionamento sobre qual parte na estrutura dos preceitos éticos em Contabilidade é mais cobrada pelas pessoas na prática, responde que uma área que tem criado mais tensão diz respeito ao fato de que os auditores não devam ter interesses financeiros em seus clientes. Entretanto, hoje, manter independências nos negócios do mundo é complexo, as regras são óbvias, mas algumas pessoas demonstram entusiasmo sobre seus clientes dos quais esperam participar de seus sucessos (lucros).

Marion (1986, p.58), no artigo "O contabilista, a ética e a bíblia", destaca:

> *"De todas as profissões, o profissional contábil é o que mais está sujeito a partilhar de esquemas espúrios, já que sua atividade está intimamente ligada com repórter de dados, cifras, apuração de resultado e, conseqüentemente, exibe dados que geram montantes referentes a impostos, taxas, dividendos, encargos, valor patrimonial da ação, lucro etc."*

A essencialidade está diretamente ligada à ética e, segundo Srour (2000, p.64), "no plano mais abstrato da teoria operam a ética da convicção e a ética da responsabilidade".

A ética da convicção se associa à ética do dever, do absoluto, do inquestionável, obediente e parametrizada no respeito à cultura, aos costumes, aos valores e idéias determinados, em que o ônus da transgressão é de sua responsabilidade, e o resultado de suas ações é imputado a Deus, ou a outro ser superior.

De outro lado, os adeptos da ética da responsabilidade seguem duas etapas: "primeiramente refletem sobre os fatos e as condições presentes e, depois, deliberam. A legitimação das decisões calca-se num pensamento indutivo" (SROUR:2000, p.70).

Na ética da responsabilidade são apontadas as conseqüências de cada ação e, em analogia, a ética da convicção também ostenta princípios como os trazidos por Srour (2000, p.71), fazendo prevalecer na ética da responsabilidade as seguintes vertentes:

> "1- do utilitarismo, procuram o máximo de bem para o maior número; 2- da finalidade, assumem os fins definidos como bons pela coletividade à qual pertencem."

Também diferente da ética da convicção, em que seus malogros são atribuídos a um ser superior, a ética da responsabilidade, quando suas escolhas se revelam infelizes ou quando, paradoxalmente, os efeitos das decisões tomadas e das ações empreendidas repercutem em males maiores do que aqueles que pretendiam evitar, seus agentes suportam as sanções da coletividade, como escreveu Ribeiro, *apud* Srour (2000, p.71):

> "Aos olhos de muitos, a ética da responsabilidade aparece como uma indecência, o que ela não é, e não como o que é: uma ética menos ciosa dos princípios, mas nem por isso leve de portar, porque é implacável com quem não consegue gerar os efeitos prometidos. (...) A responsabilidade impõe a obrigação do sucesso. Não há perdão para o fracasso. (...) Um político tem de estar preparado para a derrota e para o vazio que a ética da responsabilidade produz à sua volta[145]."

Neste contexto de ética da convicção e ética da responsabilidade, trazemos exemplos lembrados pelo próprio Srour:

No famoso romance *A escolha de Sofia*, de William Styron, Sofia, indo em direção à câmara de gás do campo de concentração de Auschwitz, ao receber a proposta de um guarda alemão de que poderia salvar sua vida e de um dos seus dois filhos, caso deixasse um deles na fila, o fez, deixando a

---

[145] RIBEIRO, Renato Janine. O governo e a ética da responsabilidade. *Folha de São Paulo*, 13 dez. 98, apud SROUR, Robert Henry. *Ética empresarial* – posturas responsáveis nos negócios, na política e nas relações pessoais. Rio de Janeiro: Campus, 2000, p.71.

filha Eva, de oito anos. Para muitos é uma escolha imoral, para outros uma escolha amoral, haja vista que Sofia se encontrava refém de uma situação extrema (sua filha pequena, mulher, sozinha, teria maior dificuldade para sobreviver a um campo de concentração). Contudo, uma escolha pautada pela ética da convicção a levaria à recusa, simplesmente porque vidas humanas são inegociáveis, ou seja, ou os três se salvam ou morrem os três.

Herbert de Souza (o Betinho), hemofílico e contaminado pelo vírus da AIDS numa transfusão de sangue, em 1990, frente a uma grave crise de sobrevivência da organização não governamental que dirigia – a Associação Brasileira Interdisciplinar da AIDS (ABIA)[146], – fez um apelo a um amigo da entidade que resultou numa contribuição de US$ 40 mil de uma pessoa ligada ao jogo do bicho (considerado contravenção no País). Para Betinho tratava-se de enfrentar uma epidemia que atingia o Brasil, um flagelo que matava seus amigos, seus irmãos e tantos outros que não tinham condições de saber do que morriam.

Considerando legítimo o meio, avaliando a situação como de extrema necessidade, escreveu: "a ética não é uma etiqueta que a gente põe e tira, é uma luz que a gente projeta para segui-la com os nossos pés, do modo que pudermos, com acertos e erros, sempre e sem hipocrisia"[147].

Condenado à morte pela Assembléia Popular ateniense (*Ekklesia*), Sócrates não se curvou nem fez concessões. Os ditames de sua consciência o levaram a não aceitar culpa nas acusações que lhe fizeram: não reconhecer os deuses do Estado, introduzir novas divindades e corromper a juventude. Rejeitando a idéia do exílio ou do pagamento da multa, penas que poderia escolher, após a condenação, como era de praxe, preferiu a morte em nome de suas convicções, e discursou: "A única coisa que importa é viver honestamente sem cometer injustiças, nem mesmo em retribuição a uma injustiça recebida[148]."

Ativistas como os ambientalistas do *Greenpeace* – organização não governamental que atua em 40 países e com 4 milhões de associados – têm por bandeira causas como a defesa da Floresta Amazônica, o com-

---

[146] Associação Brasileira Interdisciplinar da AIDS.

[147] SOUZA, Herbert de. Sou um cidadão. *O Estado de São Paulo*, 9 abr. 1994, *apud* SROUR, Robert Henry. *Ética empresarial*, op. cit., p.57.

[148] PESSANHA, José Américo Motta (Consultoria). Vida e obra. In: *Sócrates. Os pensadores.* São Paulo: Editora Nova Cultural, 1999, p.5-30, *apud* SROUR, Robert Heny. *Ética empresarial*, op. cit., p.66.

bate à produção de alimentos transgênicos e ao uso da energia nuclear, a proteção de espécies da fauna ameaçadas de extinção, sendo que uma de suas ações mais conhecidas diz respeito às missões de seu navio que visam impedir a caça de baleias.

"Em botes infláveis, seus militares se colocam entre o arpão e as baleias, dependuram-se nos animais arpoados para que eles não sejam puxados para bordo ou mergulham no mar para bloquear o caminho dos caçadores"[149]. Sob este ângulo, escreve Max Weber[150]:

> *"O partidário da ética da convicção não se sentirá 'responsável' senão pela necessidade de velar sobre a chama da pura doutrina a fim de que ela não se extinga; velar, por exemplo, sobre a chama que anima o protesto contra a injustiça social. Seus atos só podem e devem ter um valor exemplar, mas que, considerados do ponto de vista do objetivo eventual, são totalmente irracionais, só podem ter um único fim: reanimar perpetuamente a chama de sua convicção."*

A Contabilidade, presente nas decisões, razão de ser e objetivo, e na plenitude de seu exercício junto aos negócios, não se encontra em posição diferente. Visto o entorno de suas decisões, sejam elas estruturas sob a égide de parâmetros éticos da convicção na aplicação de suas prescrições, ou da ética da responsabilidade na deliberação de seus propósitos, deve primar por uma especial atenção, em face do risco de edificação de decisões a partir de falsas premissas.

Juntamente com o processo ético, a associação da Contabilidade e dos contadores com o mercado e suas riquezas, temos implícita a relação de confiança, sua guardiã, posição defendida e confirmada entre os povos, e que também no Brasil se fez presente, desde que escreveu D. João VI:

> *"Para que o método de escrituração e fórmulas de contabilidade de minha Real Fazenda não fique arbitrário de pensar de cada um dos contadores gerais, que sou servido a criar para o referido erário: – ordeno que a escrituração seja mercantil por partidas dobradas, por ser a única seguida das nações mais civilizadas, assim pela sua brevidade, para o manejo de grandes somas*

---

[149] VILLELA, Ricardo. A guerrilheira. Revista *Veja*, 26 jan. 2000, *apud* SROUR, Robert Henry. *Ética empresarial*, op. cit., p.65.

[150] WEBER, Max. *Le savant et le politique*. Paris: Union Générale d'Éditions, 1959, p.166-185, *apud* SROUR, Robert Henry. *Ética empresarial*, op. cit., p.65.

*como por ser clara e a que menos lugar dá a erros e subterfúgios, onde se esconde a malícia e a fraude dos prevaricadores"*[151] *(KLEIN:1954, p.11).*

Na institucionalização do Fisco em terras brasileiras, a preocupação permanece, e Antônio Cardoso de Barros recebia a seguinte incumbência de seu Provedor-Mor:

*"É porque as minhas rendas e direitos nas ditas terras até aqui não foram arrecadados como cumpria, por não haver quem provesse nelas (...) e para que a arrecadação deles se ponha em ordem que a meu serviço cumpre, ordenei mandar às ditas terras um pessoa de confiança que sirva de Provedor-Mor de minha Fazenda (...) Os provedores de capitania eram obrigados a dar anualmente conta da receita e da despesa*[152] *do Provedor-Mor; aos almoxarifes cumpria, também anualmente, enviar os saldos do exercício ao tesoureiro, na Bahia. Deviam ainda os almoxarifes, de cinco em cinco anos, ir à capital prestar contas, levando para isso os livros do almoxarifado" (AMED & NEGREIROS:2000, p.49).*

Voltando ao restante do mundo e aos recentes episódios, como os casos *Enron* e *Worldcom*, aguça o imaginário sobre o contador e a Contabilidade; no entanto, dela parece não prescindir: "numa tentativa de reverter a situação, a *Worldcom* disse que vai republicar os balanços com os dados corretos..." (BLOOMBERG NEWS & DOW JONES, 2002, p.1).

Neste sentido, pronuncia-se a Bloomberg News (2002, p.C-7):

*"A mensuração 'pró-forma' dos ganhos, popularizada por muitas empresas que perderam dinheiro, também pode estar perdendo a credibilidade. A Merrill Lynch, a maior corretora do mundo, disse aos analistas esta semana para acreditarem menos nesse parâmetro de desempenho, que freqüentemente exclui custos, a fim de fazer os resultados dos relatórios parecerem melhores."*

Como no início, a Contabilidade é percebida pelas pessoas, não conseguindo, entretanto, a atribuição de seu valor, como parece acontecer na dissociação entre o imaginário circundante e a essencialidade de seu trabalho.

---

[151] Grifo da Autora.
[152] Idem.

No Brasil foi D. João VI que institucionalizou a Contabilidade; no mundo, a partir de 1773, em Edimburgo, começam a surgir especialistas em Contabilidade; hoje, em cadeia mundial, se vê o presidente do maior conglomerado capitalista do mundo vir a público justificar-se com a implementação de medidas de cunho contábil, em defesa de direitos econômicos e financeiros da sociedade.

Na experiência individual, a multiplicidade das visões de mundo também transita pela Contabilidade, conseqüentemente pelo profissional contador, haja vista sua inserção na sociedade. De um perfil histórico, advindo da antiguidade à contemporaneidade dos sistemas sociais, se vê a Contabilidade e suas relações: seja com a Economia Política, Finanças, o Direito; entre métodos quantitativos ou a informática, entre outras, em um objetivo comum de obtenção de informações, para o melhor conviver e entendimento do mundo. O Homem (sociedade) – procura se resguardar na busca da objetividade, o que Brasil (2002, p.101) chamou de "materialismo valioso"; e Maroni (1998, p.107), *apud* Philemon, chama de "a realidade da alma, a objetividade psíquica".

Para Brasil (2002, p.90),

*"pode o ser humano, além de desenvolver sua capacidade de conhecer, através da reflexão, as forças das leis da natureza simbolizadas e procurar proteção na sua lógica, e, além de suprimir o raciocínio para ter a sensação de contato mais imediato com o real, desenvolver a capacidade de ampliar sua percepção para tentar abarcar os diferentes ângulos do fenômeno da existência humana".*

Neste contexto, ostenta a Contabilidade seus símbolos, e a sociedade, neste trabalho representada por alguns segmentos, vive o entorno de um imaginário coletivo advindo de representações, as representações sociais.

# 3 METODOLOGIA

## 3.1 SOBRE O MÉTODO, TÉCNICAS E PROCEDIMENTOS UTILIZADOS

Na identificação do imaginário sobre o contador e a Contabilidade, pela sociedade, entre os quadros teórico-metodológicos disponíveis, o das representações sociais nos parece mais adequado aos propósitos do estudo, por ser aquele que permite abordar, de forma articulada, aspectos de natureza psicológica e sociológica.

Para pesquisar e identificar essas representações, o método escolhido é o fenomenológico, pois, segundo Edmundo Husserl (1859-1938), "refere-se à intuição intelectual e à descrição do intuito. Consiste em uma visão intelectual do objeto, baseando-se em uma intuição. O objeto do estudo é o fenômeno. Lema: "Ir às mesmas coisas".

Desta forma, a pesquisa foi desenvolvida com a preocupação de externar uma descrição direta da experiência tal como ela é, ou seja, a realidade construída socialmente e entendida como fora compreendido e interpretado o comunicado, o que nos leva a inferir que a realidade não é única.

Nesta linha de raciocínio, escrevem Gil (2000) e Trivinos (1995): "Existem tantas realidades quantas forem as suas interpretações e comunicações. O sujeito/ator é reconhecidamente importante no processo de construção do conhecimento". Como dito por Spink (1999, p.128) "a realidade é caleidoscópica".

Para Martins (2000, p.27),

*"o enfoque fenomenológico furta-se à validação do já conceituado (do já pensado) sem prévia reflexão e volta-se para o não pensado (seu subsídio). Propõe uma reflexão exaustiva, sempre e contínua sobre a importância, validade e finalidade dos processos adotados".*

Moreira (2002, p.67), ao apresentar alternativas equivalentes ao conceito de fenomenologia, diz:

*"A fenomenologia é uma ciência cujo propósito é descrever fenômenos particulares, ou a aparência das coisas, como experiência vivida. A experiência vivida no mundo da vida[153] de todo dia é o foco central da investigação fenomenológica."*

O método fenomenológico pressupõe a evidência dos fatos – trazê-los à evidência sem a preocupação com suas causas iniciais ou finais, ou seja, sem a susceptividade da prova. "As essências pertencem ao reino da validade, dos objetos ideais" (BRASIL:2002, p.99).

Ainda para materializar os objetivos e para fundamentar os conceitos utilizados neste estudo, foram realizados três procedimentos:

a) uma revisão bibliográfica;

b) uma análise de documentos pertinentes ao tema; e

c) uma avaliação qualitativa realizada junto a entrevistados oriundos de diferentes segmentos da sociedade, que têm relação em graus diferenciados com a Contabilidade e seu produtos.

A adoção de uma investigação de natureza qualitativa em detrimento de uma pesquisa quantitativa deve-se ao fato de que, por meio desse primeiro método, se pode obter maior profundidade na discussão das questões, trabalhar temas complexos ou estritamente particulares, analisar a interação de certas variáveis e oferecer mais vantagens no contexto da descoberta de novas questões.

Em termos genéricos, "a pesquisa qualitativa pode ser associada à coleta e análise de texto (falado e escrito)" (MOREIRA:2002, p.17).

Para essa pesquisa qualitativa[154] foram utilizadas duas técnicas: entrevista e grupo focal (*Focus Group*).

---

[153] Para Dartigues (1992, p.79), esse mundo da vida é o "mundo cotidiano em que vivemos, agimos, fazemos projetos, entre outros, o da ciência, em que somos felizes ou infelizes".

[154] "...Na pesquisa qualitativa, opta-se pelo método indutivo (dos dados para a teoria), por definições que envolvem o processo e nele se concretizam, pela intuição e criatividade durante o processo da pesquisa, por conceitos que se explicitam pela vida das propriedades e relações, pela síntese holística e pela análise comparativa e por uma amostra pequena escolhida seletivamente". *Pesquisa quantitativa versus pesquisa qualitativa: o desafio paradigmático.* SANTOS FILHO:1995, p.44.

Na primeira fase, também denominada período exploratório, foram realizadas entrevistas com profissionais de Ciências Contábeis e empresários que têm conhecimento suficiente sobre o tema, o que possibilitou focalizar ainda melhor as questões a serem investigadas, definindo dimensões para a discussão posterior, a partir do roteiro de entrevista (Anexo 2).

A opção pelo uso de entrevistas dá-se por permitir que as respostas dos próprios entrevistados conduzam a entrevista, permitindo ao entrevistador interagir com essas respostas, nas quais são priorizados os conteúdos apresentados pelos entrevistados, demandando-nos uma leitura atenta dos elementos simbólicos aí existentes. Isto vem ao encontro do interesse deste trabalho, e a escolha dos profissionais de Ciências Contábeis e empresários deu-se em função de indicações pautadas na crença de que estes sujeitos detêm conhecimento sobre a Contabilidade.

A construção do roteiro para a aplicação da técnica de entrevistas partiu do trabalho de revisão bibliográfica procedido e da experiência da pesquisadora na relação entre contadora e usuários da Contabilidade.

Para a realização das entrevistas foram selecionados quatro participantes, com o seguinte perfil: três empresários de organizações de médio porte, sendo um da construção civil de execução de obras – prédios comerciais e residenciais e públicos – um da construção civil com especificidade em projetos de obras públicas, especialmente hidrelétricas, e outro cuja empresa tem por atividade a perfuração de poços artesianos. O outro participante é executivo de uma empresa industrial e também professor na cadeira de Contabilidade de Custos em curso de formação em Ciências Contábeis e MBA (Master of Business Administration).

Todos têm experiência como usuários diretos da Contabilidade, são residentes em Belo Horizonte e, ao responderem às perguntas formuladas, tornaram possível subsidiar elementos para a elaboração do roteiro que foi aplicado na segunda técnica utilizada, ou seja, o *Focus Group*.

Nos grupos focais, inicialmente foram reunidos quatro segmentos, de acordo com o seguinte perfil:
- empresários de diferentes setores da economia, objetivando abranger um maior universo de atividades e segmentos, a saber:
   a) comércio atacadista de equipamentos de segurança;
   b) comércio varejista no segmento de tintas residenciais, industriais e automotivas;

c) importação e exportação no segmento de máquinas e equipamentos industriais;
d) indústria da construção civil no segmento de impermeabilização, obras de médio e grande porte;
e) indústria da construção civil no segmento de telecomunicação, com obras de médio e grande porte;
f) serviços de publicidade no segmento de agência de publicidade, com carteira de clientes de médio e grande porte;
g) serviços de transporte no segmento de transporte coletivo interestadual;

- profissionais de Contabilidade com três ou mais anos de atuação, distribuídos entre contadores e técnicos em Contabilidade, objetivando reunir dados sustentados por uma experiência profissional consolidada ou em processo de consolidação, a saber:

a) formação: bacharel em Ciências Contábeis, atuando em empresa de auditoria independente de médias e grandes empresas. Cinco anos de experiência profissional;
b) formação: bacharel em Ciências Contábeis, atuando em escritório de Contabilidade de empresas de pequeno e médio porte. Oito anos de experiência profissional;
c) formação: bacharel em Ciências Contábeis e Administração de Empresas, atuando em escritório de Contabilidade de empresas de pequeno e médio porte. Dez anos de experiência profissional;
d) formação: bacharel em Ciências Contábeis, atuando no comércio varejista/atacadista no segmento de material fotográfico. Quinze anos de experiência profissional;
e) formação: bacharel em Ciências Contábeis, atuando em escritório de Contabilidade de empresas de pequeno e médio porte. Dezesseis anos de experiência profissional;
f) formação: bacharel em Ciências Contábeis, atuando em empresa de auditoria independente de médias e grandes empresas. Vinte anos de experiência profissional;
g) formação: técnico em Contabilidade, atuando em escritório de Contabilidade de empresas de pequeno e médio porte. Vinte e cinco anos de experiência profissional;

- alunos do curso de Ciências Contábeis, cursando a partir do quinto período (apresentam uma maior identidade com o curso), a saber:
  a) Instituto Novos Horizontes de Ensino Superior e Pesquisa Ltda, campus Belo Horizonte, 5º período;
  b) Pontifícia Universidade Católica de Minas Gerais, campus Belo Horizonte, 5º período;
  c) Pontifícia Universidade Católica de Minas Gerais, campus Belo Horizonte, 5º período;
  d) Universidade Federal de Minas Gerais, campus Belo Horizonte, 8º período;
  e) Unicentro Newton Paiva, campus Belo Horizonte, 8º período;
  f) Universidade Federal de Minas Gerais, campus Belo Horizonte, 8º período;
  g) Faculdade de Ciências Econômicas, Administrativas e Contábeis de Belo Horizonte – Unicentro Face/Fumec, campus Belo Horizonte, 8º período;
  h) Pontifícia Universidade Católica de Minas Gerais, campus Belo Horizonte, 8º período;

- usuários (público em geral) dos serviços da Contabilidade (objetivando a identificação do imaginário de quem se encontra dentro ou fora da Contabilidade), seja de formação contábil ou ligação parcial com a matéria, distribuídos nos seguintes setores:
  a) setor de educação no segmento de escola superior, empresa de médio porte;
  b) setor financeiro no segmento bancário, empresa de grande porte;
  c) setor industrial no segmento de aciaria, empresa de médio porte;
  d) setor industrial e serviços no segmento de construção civil e transporte coletivo urbano;
  e) setor de saúde no segmento hospitalar, empresa de grande porte;
  f) setor de serviços no segmento de publicidade, empresa de médio porte;
  g) setor de serviços no segmento de transporte de valores, empresa de grande porte.

Tanto a seleção como a indicação dos participantes das entrevistas, como também da dinâmica do *Focus Group*, foi encaminhadas pela disponibilidade dos mesmos, associado ao atributo que lhes foi conferido de "sujeitos genéricos"[155].

A técnica de *Focus Group*, ou grupos focais, como traduzido em português, é o instrumento mais usado e desenvolvido na investigação das representações sociais (JACQUES ET AL.:2001, p.112).

Sua realização se justifica por ser uma técnica realizada com pequenos grupos, que utiliza um instrumento de coleta de dados semi-estruturados, permitindo a averiguação de atitudes e comportamentos do público investigado, explorando as questões de maneira aprofundada e permitindo que o entrevistado responda a elas nos seus próprios termos.

Os grupos focais podem ainda ser descritos, basicamente, como entrevistas que se fundamentam na interação desenvolvida dentro do grupo.

Um dos pontos-chave da técnica é a interação que produz dados e *insight* que seriam difíceis de conseguir fora da situação de grupo, ou seja, a oportunidade que a técnica oferece de se estabelecer uma intensa troca de idéias sobre determinado tópico, num período limitado de tempo, em que os dados são discutidos e analisados em conjunto.

Morgan (1988, p.22-24) afirma que "a finalidade mais comum dos grupos focais é conduzir uma discussão em grupo que se assemelhe a uma conversação normal e vivida entre amigos e vizinhos...", sendo que sua técnica acolhe a finalidade de se "chegar mais próximo às compreensões que os participantes possuem do tópico de interesse do pesquisador", podendo alcançar, além disso, não apenas *o que*, mas também *por que* os participantes pensam da maneira como pensam. Conseqüentemente, a qualidade dos dados coletados pode ser superior à de uma entrevista individual.

O roteiro das entrevistas para os grupos focais foi elaborado ao final da primeira fase, para aprofundar os elementos de investigação ali coletados. Sua aplicação foi feita por uma profissional com experiência em moderação de grupos, cujos tópicos discutidos foram apresentados por esta pesquisadora, que exerceu o papel de observadora externa para captar as reações dos

---

[155] Por "sujeito genérico" é admitido o entendimento de Spink (1999, p.129), em que, se devidamente contextualizado, tem o poder de representar o grupo no indivíduo.

participantes, e sem que pudesse de alguma forma enviesar suas imagens. Acompanhou também como observadora externa uma profissional psicóloga, que prescreveu, via relatório (Anexo 4), o comportamento e as reações emocionais relacionados às representações expostas pelos participantes.

A aplicação do *Focus Group* foi realizada nas instalações do Lumen Instituto de Pesquisa – FUMARC/PUC MINAS, em Belo Horizonte/MG, nos dias 3, 4, 5 e 6 de fevereiro de 2003. As entrevistas foram transcritas e submetidas a uma análise de conteúdo fundamentando e subsidiando o roteiro para o *Focus Group* (Anexo 3).

Mesmo procedimento foi adotado com a transcrição dos vídeos e áudios gravados na aplicação da técnica *Focus Group*, que, submetidos à análise quantitativa (Quadro 1) e qualitativa (Quadros 2, 3 e 4, Figuras 12 a 18), tornaram possíveis a identificação das representações sociais presentes no imaginário da sociedade, sobre o contador e a Contabilidade.

## 3.2 DELIMITAÇÕES

Como validadora dos processos que a cercam, a sociedade[156] representa, em nosso estudo, elemento fundamental na elucidação do que se refere ao imaginário coletivo que permeia a Contabilidade e o contador.

Uma vez que este imaginário é disseminado por meio de representações no dia-a-dia das pessoas, estas representações são objeto de abstração, a partir da reunião de grupos de pessoas de segmentos específicos, conforme já explicitado. A seleção dos indivíduos foi intencional e indicada para pessoas da sociedade que tinham alguma ligação com a Contabilidade, todas elas residentes e com atuação na cidade de Belo Horizonte/Minas Gerais, local onde foi aplicada a pesquisa.

A pesquisa de campo foi realizada no primeiro semestre de 2003 e não indica procedimentos para alteração das representações sociais, limitando-se a identificar e caracterizar a existência de um imaginário coletivo.

Trata-se de um trabalho inédito, visto não existirem pesquisas semelhantes na área de Contabilidade em que tenham sido abordadas questões comportamentais presentes na relação sociedade, contador e Contabilidade;

---

[156] Para o conceito de sociedade adotou-se o de "um grupo dentro do qual os homens vivem uma vida comum total..." (CHINOY:1971, p.54).

assim, é necessário esclarecer que a pesquisadora não é profissional da área de Psicologia ou Sociologia. Sendo contadora, empreendeu a pesquisa sob a ótica de quem se encontra dentro da questão estudada, ou seja, as representações sociais que contribuem para a construção deste imaginário coletivo.

# 4 ANÁLISE DOS RESULTADOS

Cumprindo a etapa da coleta de material, os resultados foram avaliados dentro dos seguintes critérios:

## A – Estudo Exploratório

Ao mesmo tempo em que a Contabilidade, e conseqüentemente o contador, são vistos como algo útil e desejável, sua imagem vem sendo disseminada, muitas vezes, por uma sobrecarga de menos-valia, turva e pouco confortável. Por meio das contradições entre o que é percebido, o que se deseja e o que se repete na construção do "senso comum" desse imaginário, a pesquisa traz evidências dessa relação.

Com base nas respostas dos participantes se identifica um sentimento de mais-valia da Contabilidade enquanto organização, e como sendo necessária sua atuação junto aos tomadores de decisões. Eis como se expressa um dos entrevistados: "realmente é um papel fundamental, porque se você quer chegar em algum lugar, você tem que estar medindo" – opinião estruturada sob um perfil, conforme demonstrado na entrevista, de uma pessoa "favorável" ou "aberta e sensível" a questões relacionadas à Contabilidade. "Auxiliar a empresa com informações confiáveis, informações válidas para a tomada de decisões para que a empresa consiga tomar decisões corretas" – foi a expressão com que se posicionou outro entrevistado, embora tenha passado uma imagem cujo perfil demonstrou ser de uma pessoa cética quanto ao tema objeto da entrevista.

Em resposta à pergunta sobre a percepção do entrevistado no que diz respeito ao contador e à Contabilidade, respondeu: "Sem dúvida, acho que essa função é importante. A sociedade está exigindo isso".

É fortemente criticada a questão da Contabilidade como compiladora de dados; no entanto esses dados, ao serem compilados, no entendimento de todos os participantes, como produto de um mecanismo simples e rotineiro, não são admitidos como passíveis de erros, levando a uma inferência de que a importância da Contabilidade reside na exatidão desses dados compilados e que, aqui, fortemente criticados e julgados, não se revestem de processo científico para elaboração da Contabilidade. E assim os entrevistados se expressam: "(...) então, a gente não aceita que tenha erro"; "a deficiência do contador para mim é o erro. Se ele errar em lançamentos, ou lançar em contas diferentes..."; "O papel do contador é pegar esses números e tratá-los seguindo alguns critérios, <u>algumas vezes legais</u>[157], e muitas vezes critérios internos da empresa (...)".

Os entrevistados demonstraram uma forte vinculação da Contabilidade com o aspecto tributário dos negócios. "Acho que o caos de regras tributárias é que faz com que a Contabilidade fique complicada, porque em princípio a Contabilidade é muito simples...".

Os participantes percebem também que a Contabilidade e os contadores estão totalmente envolvidos com dilemas éticos. Quanto ao comportamento real dos patrimônios, que muitas vezes não são reportados pela Contabilidade, atribuem tal fato às questões éticas da própria organização envolvida. Questionado sobre a questão da informalidade dos negócios, mencionada pelo entrevistado, ele responde: "Sim, porque ela tem essa obrigação de retratar a realidade, que a fiscalização 'pode' acessar...".

Os entrevistados identificaram uma distinção bastante clara entre os contadores que chamaram de "classificadores de contas" e aqueles a quem deram o nome de "estratégicos", "analistas":

> "(...) eu conheço dois tipos de contador, (...) aquele contador que está ali preocupado com os números do dia-a-dia, em fazer, lançar as contas, conciliar, e ficar ali naquele trabalho rotineiro, que a gente vê que é estressante, trabalhoso, e até chato, assim, cansativo. E esse contador eu acho que tem que ter porque o serviço tem que ser feito. (...) Agora um passo adiante tem aquele contador estrategista, que é quem dá <u>realmente grandes resultados fiscais</u>[158] para a empresa...".

---

[157] Grifo da Autora

[158] Grifo da Autora

Entretanto, parecem confusos os entrevistados quanto ao que realmente acreditam ser a Contabilidade e o contador. Ao mesmo tempo em que os criticam duramente pelas rotinas que se estabelecem no processo de execução da Contabilidade (aí não são admitidas falhas), declaram não precisar desses profissionais, alegando haver disponíveis no mercado inúmeros *softwares* que surtiriam o mesmo efeito.

Alguns declaram ainda que "um bom Contador" é aquele que não erra, e aí se baseiam esses usuários nos registros contábeis, normas e leis fiscais para suas conclusões.

A Contabilidade se mostrou importante, entretanto, em situações de difícil solução financeira; viram-se expressões como: "Há outras coisas a se pensar", "Às vezes o empresário nem quer, não é que ele não queira, é porque às vezes nem tem suporte, e está preocupado com outras coisas". O contador é um profissional que precisa ter "grandes conhecimentos", mas sua formação em curso médio poderia ser suficiente.

A Contabilidade é importante, mas a auditoria, a análise e outras especialidades que se chamaram Contabilidade de Custos, Contabilidade Tributária, sugere que estas sejam mais importantes e distintas da Contabilidade: "(...) Quando passa para as auditorias, aí na minha imaginação os auditores seriam de nível superior, e os contadores seriam de nível médio".

Diante dessas expressões e observações, o roteiro para a aplicação da técnica *Focus Group* procurou captar junto aos participantes a natureza e as características das representações sociais estabelecidas nessa dualidade: importância e "realidade", mesmo sob um processo que sugere não ser percebido pelos entrevistados; como em um processo inconsciente.

## B – *Focus Group*

A partir da elaboração do roteiro, como mencionado acima, foi procedida a dinâmica do *Focus Group*, cuja leitura derivou na construção de um quadro comparativo das considerações verbais e sua freqüência, para melhor visualização e interpretação dos conteúdos coletados. O Quadro 1 apresenta a identificação das representações sociais, presentes no imaginário construído pela sociedade, sobre o contador e a Contabilidade. Em um outro quadro foram listados os animais identificados com a imagem do contador e da Contabilidade; o Quadro 2 refere-se à pergunta dirigida aos participantes do *Focus Group*: "Se vocês comparassem o contador e/ou a Contabilidade a um animal, qual seria? Por quê?"

No processo de identificar as representações sociais, Spink (1999, p.118), adaptando a figura de Jodelet (1989), ilustra este campo de estudo (Figura 11), em que se reúnem dois debates:

> *"No primeiro debate, as representações emergem como uma modalidade de conhecimento prático orientado para a compreensão do mundo e para a comunicação; no segundo debate, emergem como construções com caráter expressivo, elaborações de sujeitos sociais sobre objetos socialmente valorizados."*

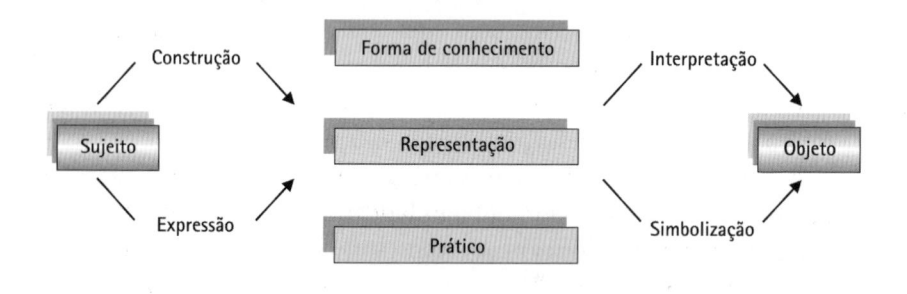

O Campo de estudos da representação social

Figura 11: O campo de estudos da representação social. SPINK, Maray Jane (1999), adap. de JODELET (1989).

Assim tem-se o sujeito construindo uma forma de conhecimento prático, que se expressa pela representação, objetivando interpretar o objeto simbolizado.

Quadro 1 – Comparativo de considerações verbais por freqüência entre os grupos pesquisados

| CONSIDERAÇÕES MAIS COMUNS POR GRUPO | GRUPOS | | | |
|---|---|---|---|---|
| | 1° grupo: Empresários | 2° grupo: Usuários da Contabilidade | 3° grupo: Profissionais da Contabilidade | 4° grupo: Estudantes de Contabilidade |
| "Brastemp" – a mídia interfere na formação de opinião. | ••• | ••• | ••• | ••• |
| A imagem que se tem da contabilidade remete a burocracia, tributos, obrigação, bater guias, registros. | ••• | ••• | •• | •• |
| A imagem que se tem da contabilidade, "segundo comentários da sociedade", é de associação à matemática, cálculos, números, estatística, controle. | • | •• | o | ••• |
| A imagem que se tem da contabilidade é a de uma área que não vende ou produz nada, é um mal necessário em favor do fisco. | o | •• | o | o |
| A imagem que se tem da contabilidade é a de má utilização dos serviços do contador enquanto ciência, especialmente por causa do grande volume de trabalho burocrático imposto pelo governo. | o | o | ••• | o |
| A imagem que se tem da contabilidade é a de uma profissão de sacrifícios. Aquela que faz inclusive a parte do empresário. | o | o | •• | o |

| CONSIDERAÇÕES MAIS COMUNS POR GRUPO | 1º grupo: | 2º grupo: | 3º grupo: | 4º grupo: |
|---|---|---|---|---|
| A imagem que se tem da contabilidade é a de uma mina de ouro que ainda não foi explorada em todas as suas especialidades. Muito valorizada em empresas de grande porte porque mexe diretamente com o patrimônio dos sócios. | ○ | ••• | ○ | • |
| A contabilidade deveria ser mais gerencial, apoiar melhor as empresas nas tomadas de decisões. Ser mais atuante; pois representa a empresa. | ••• | ○ | ○ | ○ |
| A contabilidade deveria ser mais rigorosa e exigir exclusividade em algumas vagas de concurso como para Auditor Fiscal. O conselho deveria ter mais rigor na delimitação de funções do contador e auditor fiscal. | ○ | ○ | ○ | ••• |
| A contabilidade deveria permitir maior consultoria para decisões estratégicas do que apresentar contas. Deveria ser suporte para a tomada de decisões. | ○ | ••• | ○ | ••• |
| A imagem que se tem do contador é de um bombeiro, fazedor de declaração de imposto de renda, fazedor de contas, cobrador do fisco, aquele que só traz as dívida e notícia ruim, tábua de salvação ou quem joga no buraco, o peso que afunda o navio. Fica perdido em meio a tantos papéis. Tem uma imagem | ••• | ••• | •• | ○ |

| CONSIDERAÇÕES MAIS COMUNS POR GRUPO | 1º grupo: | 2º grupo: | 3º grupo: | 4º grupo: |
|---|---|---|---|---|
| associada a impostos, desprovido de capacidade crítica sobre a validade de seu trabalho, guarda-livros, emissor de encadernações com *layout* horrível, sujeito antigo e preocupado mais com a quantidade de clientes do que com a qualidade do serviço prestado. Mágico, protetor das empresas e não das pessoas. Entidade misteriosa e superior; viabilizador de mutretas. É associado a uma "encheção de saco", a enrolado. Um mal necessário, burocrático, aquele que faz o serviço que ninguém quer fazer. Inclusive alguns escritórios de contabilidade terceirizam sua própria contabilidade. Quem tem um nível social melhor não escolhe Ciências Contábeis. | | | | |
| A imagem que se tem do contador é de um sujeito esforçado em desempenhar bem seu papel. Possui grande prestígio em empresas de grande porte e pouquíssimo em empresas de pequeno e médio porte. É visto como solução para empresários. Há baixo índice de desemprego e a remuneração não é tão má. Mas hoje é visto mais como um profissional de tributos do que gerencial. | ○ | •••  | •• | ○ |
| A imagem que se tem do contador é de um despachante. | ○ | ••• | ○ | ○ |

| CONSIDERAÇÕES MAIS COMUNS POR GRUPO | 1º grupo: | 2º grupo: | 3º grupo: | 4º grupo: |
|---|---|---|---|---|
| A imagem que se tem do contador, "segundo comentários da sociedade", é de fazedor de declaração de renda, aquele que só traz dívida e notícia ruim. Barrigudo, careca e usa óculos. Só faz registros e calcula os impostos. Profissional contratado por ser obrigatório. | o | •• | o | ••• |
| O contador deveria ser mais atualizado, fazer marketing de seu trabalho, contribuir para o crescimento da empresa, vender soluções. Ser mais que um contador; um assessor para tomada de decisões, utilizar as informações do passado para fazer previsões sobre o futuro; dar suporte. Deveria especializar mais o seu negócio, emitir opiniões sobre o negócio do cliente. Envolver-se mais com a dinâmica das empresas. Deveria ter evoluído na função de guarda-livros. Deveria assessorar mais seus clientes e emitir outros relatórios além do balancete e balanço. | ••• | •• | ••• | o |
| O contador deveria ser mais ativo e emissor de relatórios gerenciais. Dar mais opinião sobre custos e controles. Ter mais argumentos. Não se acomodar tão cedo. Ter mais idealismo e ambição. Agregar mais | • | ••• | o | ••• |

| CONSIDERAÇÕES MAIS COMUNS POR GRUPO | 1º grupo: | 2º grupo: | 3º grupo: | 4º grupo: |
|---|---|---|---|---|
| valor ao seu serviço de despachante e emissor de guias. Conhecer e se aproveitar das brechas da lei. Especializar-se por segmentos da economia, em analogia, por exemplo, aos engenheiros civis ou médicos cardiologistas. | | | | |
| O contador deveria manter sua denominação e não mudar para *controller*, auditor ou consultor, a fim de melhorar seu *status*. Ser mais que um apurador de impostos. Ter uma atuação mais forte junto ao governo para orientá-lo nas melhores formas de arrecadação. | ○ | ••• | ○ | ••• |
| O contador deveria atuar mais no planejamento das empresas. Orientar os clientes sobre a importância de serem mais corretos em suas ações. | ○ | ○ | ••• | • |
| Um bom contador inspira confiança, é bem informado. Estuda a vida toda. Oferece uma visão mais clara das informações. É entendido de sistemas de informática. Conhece o negócio de seu cliente. É sinônimo de solução. Consegue com os números do passado oferecer uma visão do futuro. Surpreende o cliente com sugestões baseadas em seus controles. Utiliza bem as facilidades da informática. | ••• | •• | ••• | ••• |

| CONSIDERAÇÕES MAIS COMUNS POR GRUPO | 1º grupo: | 2º grupo: | 3º grupo: | 4º grupo: |
|---|---|---|---|---|
| Um bom contador é capaz de resolver ou encaminhar qualquer assunto da empresa. Resolve tudo. Fonte de informações. Capaz de suprir as necessidades de seus clientes. É mais que um contador de "tostões". | o | ••• | o | o |
| Um bom contador deveria se envolver mais na política do país para defender os interesses da sociedade e não ficar só obedecendo às deliberações. Poderia melhorar a cultura da arrecadação. Demonstrar mais responsabilidade social, informando melhor a sociedade sobre seus direitos e não permitindo abusos do Estado. Deveriam se unir como categoria para garantir representatividade civil. | ••• | o | ••• | ••• |
| Um bom contador começa a ser formado no estágio, mas precisa ter uma visão crítica porque já nesse momento é envolvido em muitas situações erradas. | o | o | o | ••• |
| Um contador ruim é mal informado, apático e não se envolve na empresa. Fica na superficialidade e não tem postura ativa e analítica sobre os dados. | ••• | o | ••• | ••• |
| Um contador ruim sabe pouco e desconhece onde buscar as informações. Não estuda ou evolui na função de despachante. | o | ••• | o | ••• |

| CONSIDERAÇÕES MAIS COMUNS POR GRUPO | 1º grupo: | 2º grupo: | 3º grupo: | 4º grupo: |
|---|---|---|---|---|
| Um contador ruim é aquele generalista com a pretensão de entender tudo. Não se especializa. | ● | ●● | ● | ● |
| A ética na contabilidade é atender as necessidades do governo. | ●● | ● | ● | ●●● |
| A ética na contabilidade é comprometida pelo CFC e CRCs porque mais protegem que fiscalizam o trabalho do contador. Dever-se-ia melhorar a imagem do contador na sociedade, oferecer mais cursos, estimular a especialização. Os dirigentes destes conselhos não conseguiram evoluir com a contabilidade. | ● | ● | ● | ●●● |
| A ética na contabilidade existe quando o contador se nega a fazer falcatruas. | ● | ● | ●●● | ● |
| A ética na contabilidade está um pouco manchada por contadores que maquiam os balanços, manipulam as informações. Sempre dá um jeitinho. O contador quer ganhar, mesmo que precise infringir a lei. O contador se vê prejudicado pelo fato do técnico em contabilidade ter quase a mesma prerrogativa do contador. | ●● | ● | ●●● | ●●● |
| A ética na contabilidade existe e é separada do prestígio dos contadores. É importante, apesar de | ●●● | ● | ● | ● |

| CONSIDERAÇÕES MAIS COMUNS POR GRUPO | 1° grupo: | 2° grupo: | 3° grupo: | 4° grupo: |
|---|---|---|---|---|
| não ser reconhecida. Pode ser associada a uma enrolada burocrática. | ○ | | | ○ |
| A ética na contabilidade é prejudicada por causa das armações (sonegações) de alguns contadores e clientes. | ○ | ●●● | | ○ |
| O prestígio da Contabilidade é horrível, é mínimo. | ○ | ○ | ●● | ●● |
| O prestígio da contabilidade é baixo e é demonstrado também quando passamos no vestibular; ninguém entende, especialmente a família e os amigos. | ○ | ●● | ● | |
| O prestígio da contabilidade é baixo; pois o contador não sabe demonstrar a importância e a validade da contabilidade para seus usuários. | ○ | ○ | ●●● | ○ |
| O prestígio da contabilidade vem aumentando com oferta de emprego na área acadêmica. | ○ | ○ | ○ | ●● |
| O prestígio da contabilidade é alto, o que atrapalha é a maioria dos contadores. | ○ | ○ | ○ | ●● |
| O prestígio é do contador. Os contadores possuem prestígio individual, não pela categoria. | ● | ○ | ○ | ●● |
| O prestígio do contador é prejudicado em muito pelos técnicos. É preciso delimitar suas funções, pois eles mancham a imagem e o salário do contador. | ○ | ○ | ○ | ●●● |

| CONSIDERAÇÕES MAIS COMUNS POR GRUPO | 1º grupo: | 2º grupo: | 3º grupo: | 4º grupo: |
|---|---|---|---|---|
| O prestígio da contabilidade é comprometido, pois os contadores são PhD em imagem negativa. | O | O | O | ••• |
| O prestígio do contador é baixo perante a imprensa e funcionários da empresa cliente. É impregnado da cultura de arrecadação. É baixo também pelas falcatruas de funcionários públicos. | ••• | O | O | ••• |
| O prestígio do contador caiu porque ele não estuda depois que se forma. Não possui visão crítica da própria contabilidade. | O | O | O | •• |
| O prestígio do contador ainda é baixo como também o salário. Mas existe muita oportunidade de emprego, especializações e oportunidades na academia. Vem perdendo espaço no mercado de trabalho para administradores, engenheiros e especialmente para os advogados. | O | O | O | ••• |

Quadro 2 – Características do contador por analogia às características de um animal

| GRUPO | ANALOGIA | |
|---|---|---|
| | Animal | Características |
| 1º Grupo: Empresários | • Cachorro | • Pode ser nobre ou um vira-lata. |
| | • Cachorro | • Fidelidade, defesa, companheirismo. Mas se mexer de forma indevida, ele rosna forte. |
| | • Paca | • Fica fuçando as coisas. Lento quando devia ser rápido. Pesado quando deveria ser ágil. Mas com grande memória. |
| | • Elefante | • Também berra forte. |
| | • Peixe | • Vive no aquário e usa uma linguagem que ninguém entende. |
| | • Águia | • Possui a melhor visão, vê rápido e traz a resposta que precisa. |
| 2º Grupo: Usuários da Contabilidde | • Girafa | • Visão de alcance. |
| | • Águia | • Rápida, ágil. |
| | • Águia | • Boa visão, predadora. |
| | • Coruja | • Dorme no ponto. |
| | • Coruja | • Atenta, função de consultora na floresta. |
| | • Raposa | • Inteligente, metódica, disciplinada, atenta. |
| | • Tigre | • Admirado. |
| 3º Grupo: Profissionais da Contabilidade | • Leão | • Vinculado à luta, a garra, tributação. |
| | • Águia | • Enxerga muito e de cima para baixo. |
| | • Galo de briga | • Lutador, bom de briga. |
| | • Águia | • Enxerga no detalhe. |
| | • Leão | • Persistente, vence as adversidades. |
| | • Coruja | • Visão angular, 180 graus (360). |
| | • Morcego | • Enxerga no escuro, ele transpõe obstáculos. |
| 4º Grupo: Estudantes de Contabilidade | • Borboleta | • Estamos na fase do casulo. |
| | • Leão | • Trabalhamos muito, o serviço é pesado, a luta é muito grande. |
| | • Passarinho | • Pegando um pãozinho, fazendo a divisão. |
| | • Girafa | • Está crescendo como eu no meu curso. |
| | • Arpia | • Voa sempre baixo, mas pode conseguir voar muito alto se quiser. |
| | • Pavão | • A contabilidade, nossos balanços são muito bonitos e apresentáveis. |
| | • Hiena | • Só pega coisa ruim. |
| | • Touro | • Melindroso e muito forte. |

Da releitura do Quadro Comparativo de Considerações Verbais por Freqüência entre os Grupos Pesquisados, foi elaborado o Quadro 3, referenciando a associação entre as constatações mais freqüentes e o Marco Teórico do trabalho. No Quadro 3, buscou-se identificar os elementos de conduta que confirmam a existência de representações sociais percebidas pela sociedade e que contribuem para a construção do imaginário coletivo, sobre o contador e a Contabilidade, em segmentos específicos dessa sociedade. Para tanto foi procedida a aplicação de um estudo empírico para identificar a natureza e as características dessas representações sociais. O Quadro 4 expõe as considerações finais colhidas no *Focus Group*.

Quadro 3 – Associação entre constatações mais freqüentes e marco teórico

| Constatações mais freqüentes com relação a: | Autores que emitiram opinião a favor ou contra estas declarações |
|---|---|
| **Contabilidade:** Imagem remetida à burocracia, tributos, papéis, serviços de despachantes, matemática, cálculos, de difícil linguagem, e por isso é objeto de crítica. | *"No âmbito público, era mais seguro para o escriba ser visto não como alguém que buscava e reconstituía informações (e, portanto, que podia imbuí-las de sentido), mas como alguém que simplesmente as registrava para o bem público. Embora ele fosse capaz de ser os olhos e a língua de um general ou mesmo de um rei, era melhor não alardear esse poder político. Por isso, o símbolo de Nisaba, a deusa mesopotâmica dos escribas, era um estilete, não a tabuleta mantida diante dos olhos"* (MANGUEL, 2001). *"Há quem diga que a Contabilidade é um mal necessário. Outros dizem que se não fosse a legislação ultrapassada, já estaríamos livres da burocracia inútil de escriturar livros, elaborar balanços, fazer publicações e outras exigências onerosas e descabidas"* (BRAGA, 1991). *"Se uma pessoa leiga for perguntada sobre Contabilidade, com certeza exaltará a organização, a boa caligrafia e a habilidade de fazer contas do profissional. Pode-se observar isso inclusive em clássicos da* |

| Constatações mais freqüentes com relação a: | Autores que emitiram opinião a favor ou contra estas declarações |
|---|---|
| | *literatura. Eça de Queiroz diz, em* A relíquia*, que por ter boa caligrafia e saber somar, a personagem do romance poderia se aposentar trabalhando como guarda-livros"* (NAKAGAWA, 2001).<br><br>Sobre a Demonstração do Resultado: *"a linha do lucro é como um* haggis *– se alguém soubesse do que é feito, não comeria de jeito nenhum".*<br><br>Sobre o Balanço Patrimonial: *"uma das áreas mais nebulosas da Contabilidade"* (MACFARLANE, 1995).<br><br>*"A Contabilidade serve-se às vezes de método estatístico para seus registros, mas se reserva, assim como qualquer outra ciência, a interpretação dos resultados"* (MASSI, apud FRANCO, 1993). |
| **Contador:** Apagador de incêndios, fazedor de contas, tábua de salvação ou quem joga no buraco, o peso que afunda o navio. Imagem associada ao fisco, mágico, protetor das empresas e não das pessoas. Entidade misteriosa e superior, viabilizador de mutretas. Profissional imposto socialmente, o que faz o serviço que ninguém quer fazer. Aquele que faz inclusive a parte do empresário. Esforçado no desempenho de seu papel, é associado ao perfil de barrigudo, careca e de óculos. Possui prestígio em | *"Que os céus não permitam que um contador domine uma empresa! Tudo o que eles fazem é olhar para os números, demitir gente e aniquilar o negócio. Sei disso porque contrato contadores. Tudo o que eles pensam é cortar custos e aumentar os preços, o que causa mais problemas. A Contabilidade é importante. Gostaria que mais gente a conhecesse, mas, ao mesmo tempo, ela não mostra tudo"* (KIYOSAKI, 2000).<br><br>Dissertando sobre "Profissionais em Psicologia e sua Especializações", em que no Brasil já se vê distanciado o tempo de se atribuir ao dono da empresa uma multiplicidade incontável de atribuições ditas de direção; como o trato direto com o pessoal, comenta: *"Quando isso não ocorria, era também comum verem-se essas atividades atribuídas a chefes de pessoal de baixa formação escolar, ou ao contador-geral da empresa"* (BERGAMINI, 1979). |

| Constatações mais freqüentes com relação a: | Autores que emitiram opinião a favor ou contra estas declarações |
|---|---|
| grandes organizações, pois mexe com o patrimônio destas pessoas. De pouco idealismo e ambição. | *"Preenchedores de formulários"* (IUDÍCIBUS & CARVALHO, 2001).*"Mercúrio conhece profundamente a magia da Tessália, e conta-se que seu caduceu conduzia as almas dos mortos para as alturas da lua (...), mas que condenava outras à morte e as precipitava nas profundezas do abismo entreaberto. Ele é perito em executar ambas as operações"* (BRANDÃO, 1995). |
| **Ética na Contabilidade:** Importante, apesar de não ser reconhecida. Impactada pela ação de muito de seus profissionais e usuários. | *"No entanto, quando a Contabilidade é desafiada como nunca o foi, é preciso que consiga orientação a partir de seus valores, e não de seus conceitos; deve buscar segurança em sua conduta profissional, e não em sua estrutura intelectual; em resumo deve preocupar-se com o comportamento dos contadores, e não com a teoria"* (GERBOTH, APUD HENDRIKSEN, 1999)."De todas as profissões, o profissional contábil é o que mais está sujeito a partilhar de esquemas espúrios, já que sua atividade está intimamente ligada com repórter de dados, cifras, apuração de resultado e, conseqüentemente, exibe dados que geram montantes referentes a impostos, taxas, dividendos, encargos, valor patrimonial da ação, lucro etc." (MARION, 1986). *"Nunca a reputação dos contadores esteve tão péssima"* (ACCOUNTANCY'S BIG CHANCE, *THE ECONOMIST*, 1992).*"... por outro lado, a situação do contador, que é solicitado pelo presidente da empresa a assinar um balanço com distorções de disclosure (evidenciação), revela conflito de valores pessoais do profissional da Contabilidade: assumir atitude estritamente profissional – não assinando as demonstrações – ou manter o cargo, assinando-as"* (LISBOA, 1997, p.62). |

| Constatações mais freqüentes com relação a: | Autores que emitiram opinião a favor ou contra estas declarações |
|---|---|
| | No mesmo sentido escreve Sack (1998, p. 201): *"quando você faz uma auditoria para um cliente que está na sua firma por muitos anos, você vai olhar um trabalho que você ou seus colegas na firma fizeram no ano anterior"."O que significa realmente esse roubo, essa apropriação? Como é possível que um deus seja ladrão?"* – Jung, buscando resposta nas idéias de Schopenhauer e do Budismo, diz que é a individuação que está por trás de males dessa natureza – como o roubo e o furto. |
| **Prestígio:** Desvinculado da classe, um prestígio individual e restrito a poucos profissionais. | *"... um sentimento de que, possivelmente, os usuários ou 'pacientes' das práticas contábeis atuais estariam entre os mais descontentes"* (IUDÍCIBUS & CARVALHO, 2001). *"Talvez se chamasse este texto de profissão do futuro, um leitor que não é da área contábil poderia discordar dele e até não lê-lo. Ele poderia indagar por que, se essa profissão é uma das mais antigas que existem; poderia dizer que o estereótipo da imagem desse profissional em nossa sociedade não é o melhor possível (aparentemente não muito criativo, talvez um pouco tímido e, em alguns casos extremos, até com suspeita de ausência de idoneidade profissional ..."* (MARION, 1998). *"... há mais coisas envolvidas na profissão contábil do que apenas contabilidade..."* (FMAC, 1995)."*Esse rapaz (ou seria um senhor?) me parece pouco imaginativo, conservador e um tanto piegas, porém fiel e trabalhador. Eu diria que lugar dele é no Departamento de Contabilidade"* (DIZ, 2001). |

| Constatações mais freqüentes com relação a: | Autores que emitiram opinião a favor ou contra estas declarações |
|---|---|
| **Trabalho do contador:** Vinculado à segurança, reportado a aspectos fiscais, quando expressivo vê-se uma migração para outras denominações como *controller*, auditor, consultor, entre outros. Demanda para uma postura política, crítica, empreendedora e participativa. Ausência de marketing. | *"A falta de desobediência intelectual"* – ou a falta de pelo menos um *"inconformismo criativo"* perante as normas faz com que a qualidade destas não melhore em relevância e abrangência, pela tristemente freqüente falta de preocupação em unir a norma ao princípio que deveria inspirá-la" (IUDÍCIBUS & CARVALHO, 2001). *"Apesar da Ciência Contábil fornecer um manancial de informações detalhadas e precisas aos gestores de empresas, estes não foram ainda devidamente cientificados do alcance dessas e de sua importância para o planejamento e controle de suas atividades. Este fato tem inibido o crescimento, o desenvolvimento e o reconhecimento de muitos contabilistas e suas empresas de contabilidade"* (SCARPIN ET AL., 2000). *"O primeiro desafio, que será vencido concomitantemente com os demais, é mudar a imagem. O profissional contábil deve ser e passar a imagem de uma pessoa dinâmica, bem informada, deter as informações, saber utilizá-las e saber retransmiti-las"* (SCHWEZ, 2001). DREYFUSS (1987) narra sua conversa com um jovem que caracterizou como sendo um rapaz inteligente, de família de bom nível cultural e bem entrosado em seu meio. Esse rapaz se preparava para o vestibular, e ao ser aconselhado a optar pelo curso de Ciências Contábeis, disse: *"Mas a gente vai estudar para sair sem diploma universitário?"* |

| Constatações mais freqüentes com relação a: | Autores que emitiram opinião a favor ou contra estas declarações |
|---|---|
| **Um bom contador:** Um profissional que inspira confiança, fonte de informações, que interage com o negócio do cliente, capaz de resolver qualquer assunto da empresa e faz uso da tecnologia disponível ao processar seu trabalho. | *"A função primordial da Contabilidade é acumular e comunicar informações essenciais para uma compreensão das atividades de uma empresa"* (AAA, 1977).<br><br>*"O objetivo básico dos demonstrativos financeiros é prover informação útil para a tomada de decisões"* (IUDÍCIBUS, 2000). |
| **Um contador ruim:** Um profissional mal informado, apático, que não se envolve nos negócios da empresa. Possui atributos de despachantes, e de relevância em aspectos de ordem da prática. | Proposta do currículo ideal para o "contador global", apontada durante o encontro internacional de contadores, em Genebra (1999): *a- conhecimento das organizações e dos negócios, b- informática, c- conhecimento contábil e relacionamento com a matéria* (MOREIRA, 1999). *"Os homens práticos geralmente são escravos de um economista morto.""Implícito está que as idéias precisam ser libertadas, nascer de novo, caso contrário não apenas estarão mortas como se tornarão enganosas"* (HILMAN, 2001). |

Quadro 4 – Síntese das considerações – *Focus Group*

| GRUPOS | CONSIDERAÇÕES |
|---|---|
| 1º Grupo: Empresários | Sair de dentro de seus escritórios e evoluir mais. Ir mais nas empresas clientes. O contador deve conhecer e orientar mais as empresas. Fazer propaganda de seu trabalho. Buscar mais especialização, como a categoria médica, por exemplo. |
| 2º Grupo: Usuários da Contabilidade | O contador precisa ser mais atuante. O CRC deve estimular mais discussões sobre a ética na Contabilidade, delimitar a ocupação de funções contábeis só para contadores, delimitar as atribuições dos técnicos e melhorar a imagem da Contabilidade e do contador. |
| 3º Grupo: Profissionais da Contabilidade | Agradecimentos à Prof[a] Guadalupe pela iniciativa da pesquisa. |
| 4º Grupo: Estudantes de Contabilidade | Agradecimentos à Prof[a] Guadalupe pela iniciativa da pesquisa. |

Com base nas constatações mais freqüentes em relação aos temas emergentes na dinâmica aplicada (como mostra o Quadro 3 – Contabilidade, Contador, Ética na Contabilidade, Prestígio, Trabalho do Contador, Um Bom Contador e Um Contador Ruim) e pautados na técnica qualitativa para o estudo da associação das representações sociais defendida por Spink (1993, in SPINK:1999, p.132-136), passamos a mapear as falas dos participantes: na Figura 12, as Representações sociais da Contabilidade; na Figura 13, as Representações sociais do contador; Figura 14: Representações sociais da ética na Contabilidade; Figura 15: Representações sociais do prestígio do contador e da Contabilidade; Figura 16: Representações sociais do trabalho do contador; Figura 17, Representações sociais de um bom contador; e Figura 18 – Representações sociais de um contador ruim.

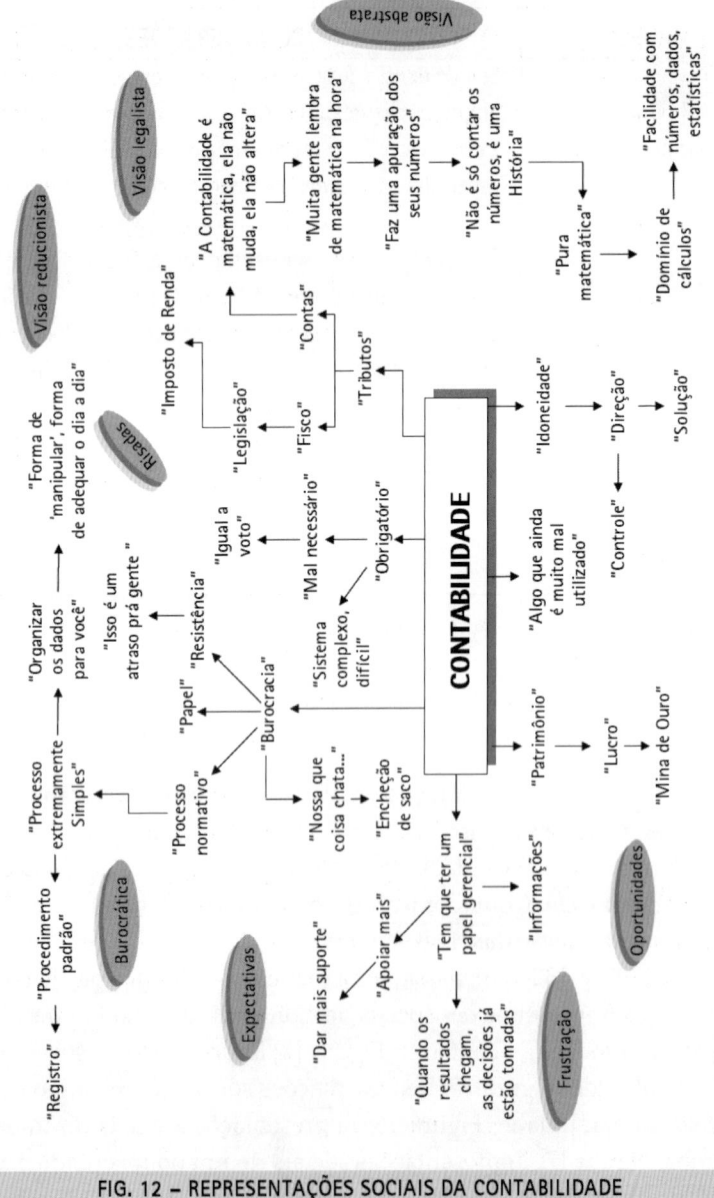

**FIG. 12 – REPRESENTAÇÕES SOCIAIS DA CONTABILIDADE**

Fonte: Adap. SPINK, Mary Jane (1999, p.134-136)
Desvendando as teorias implícitas: Uma Metodologia de análise das Representações Sociais

Fig. 13 – Representações sociais do contador

Fonte: Adap. SPINK, Mary Jane (1999, p. 134-136)
Desvendando as teorias implícitas: Uma Metodologia de análise das Representações Sociais

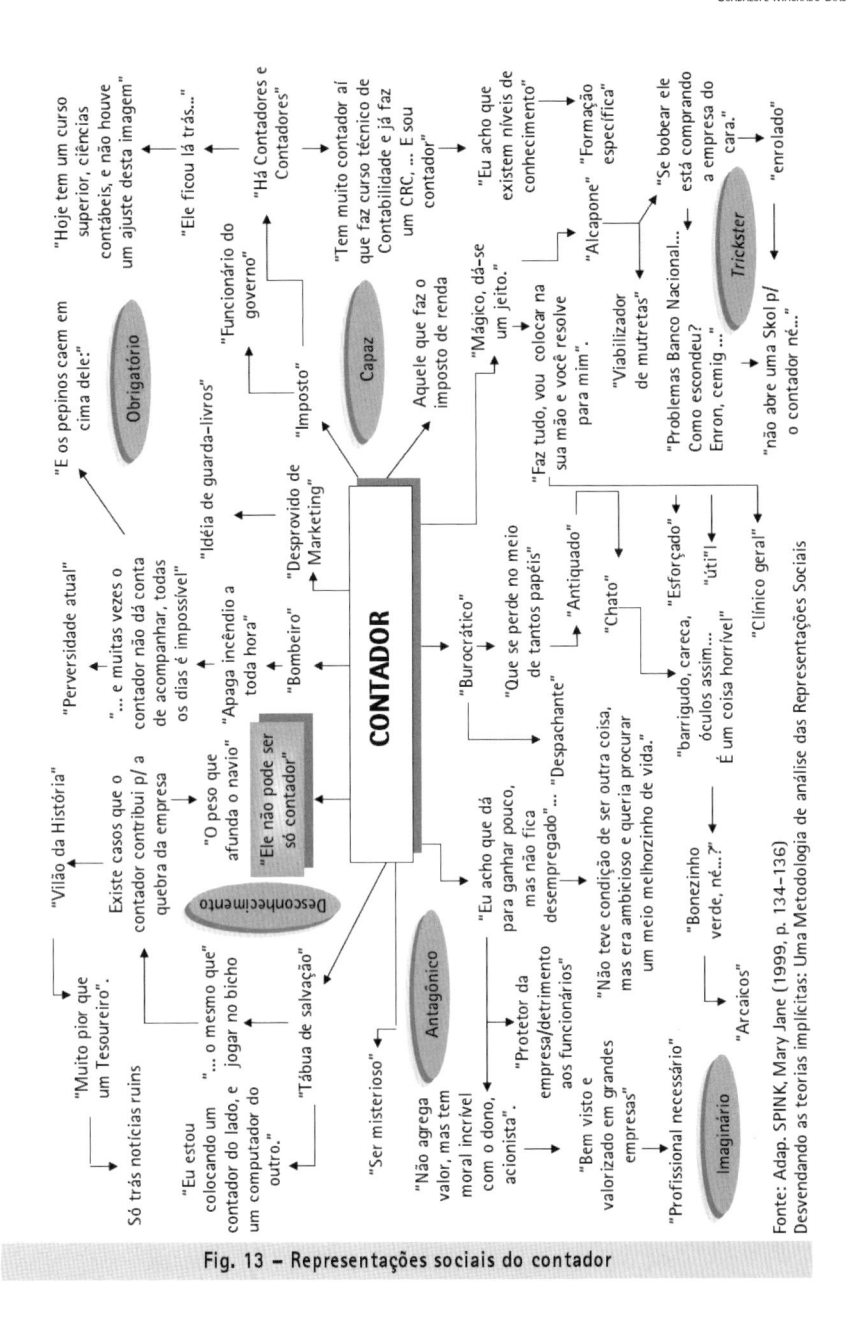

## Fig. 14 – Representações sociais da ética na contabilidade

**ÉTICA NA CONTABILIDADE**

**Retidão**
- "Eu já vi contador assinar balanço com ressalva"
- "Com zelo, diligência e honestidade, observando a legislação vigente; (código de ética do contador) Essa ética; aí ela é muito boa para o outro lado..."
- "utopia"

**Conscientização**
- "uma aliança entre o contador e você... e a população, de uma certa forma."
- "É você conscientizar seu cliente"

**Horrível**
- "A imagem é terrível, acho que o resíduo que fica do Contador... p/ camuflar resultados... produzir resultados... Foi uma imagem ruim do passado"
- Eu acho que é difícil essa imagem.
- "Liga diretamente a imagem da Contabilidade, que é o pólo entre a tributação e o contribuinte"

"Contador correto honesto"

"... na desvalorização do contador no mercado, a empresa fala com o contador que 'não quer pagar impostos...'"

"Horrível... Infelizmente a visão que se tem do contador, é aquele sujeito que você chega e pergunta para ele quanto que são dois mais dois, e ele pergunta para você quanto que você quer que seja? Essa e uma visão que ainda persiste muito"

**Dilemas**
- "Eu acho que ética na nossa área é algo muito falado, muito comentado, e muito regulamentada e muito pouco praticado"
- "No juramento"
- "Se você apertar o contador, você faz assim, ou vai perder o emprego, eu acredito que ele vai fazer"
- "Quando o cara acha que o contador pode tudo"
- "... mas se você foi dispensar também, você via dispensar a classe, você via dispensar a sua clientela toda"
- "difícil"

Fonte: Adap. SPINK, Mary Jane (1999, p. 134-136) Desvendando as teorias implícitas: Uma Metodologia de análise das Representações Sociais

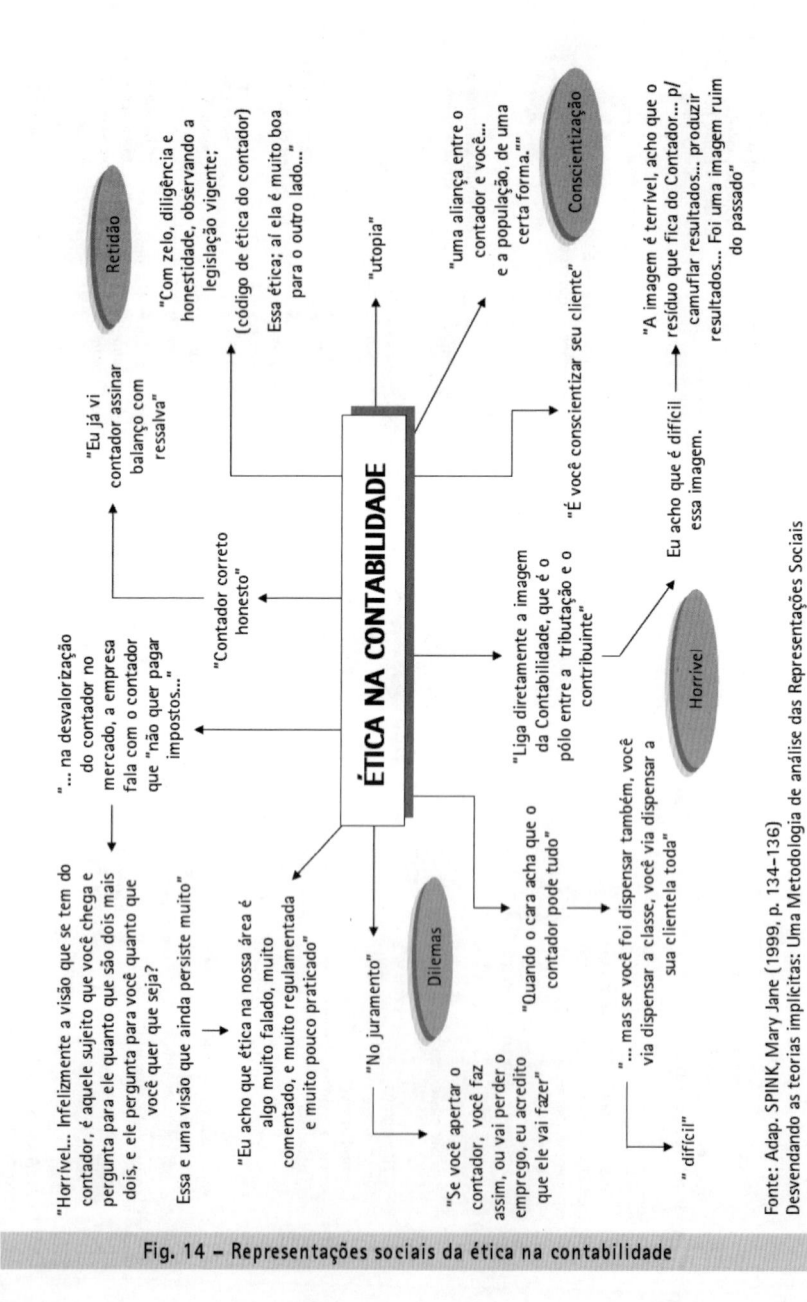

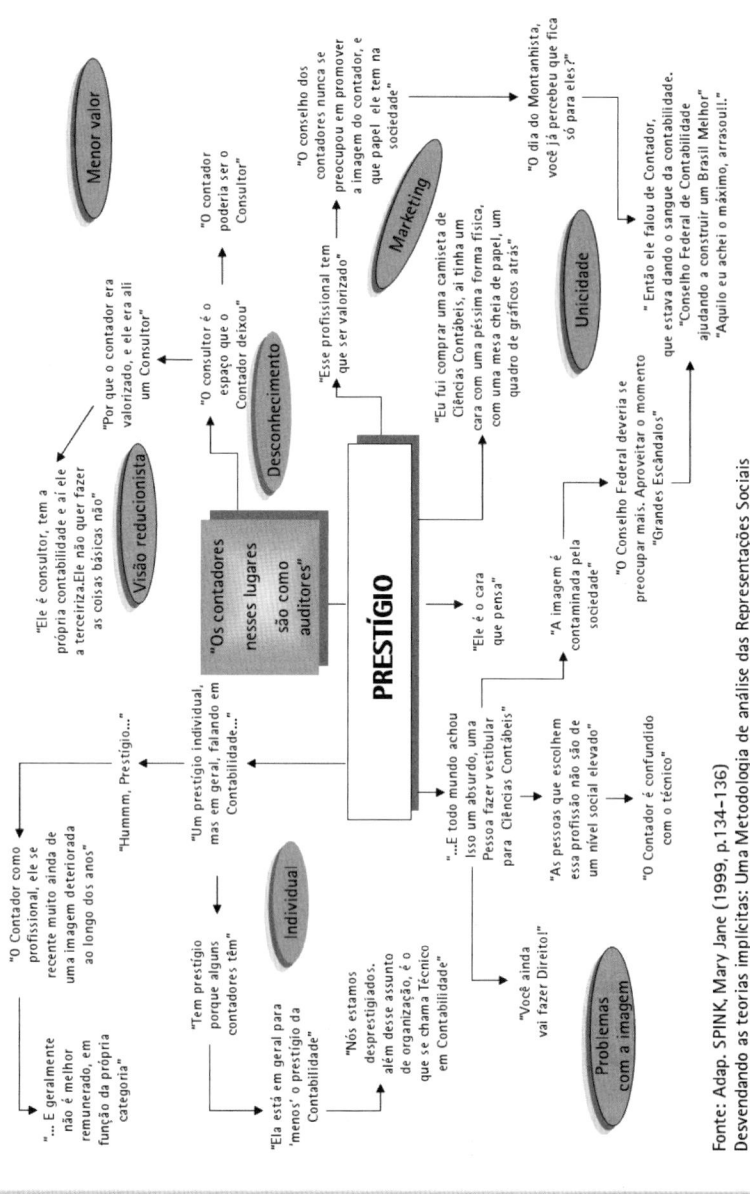

Fig. 15 – Representações sociais do prestígio do contador e da contabilidade

Fonte: Adap. SPINK, Mary Jane (1999, p.134-136)
Desvendando as teorias implícitas: Uma Metodologia de análise das Representações Sociais

Fig. 16 – Representações sociais do trabalho do contador

**TRABALHO DO CONTADOR**

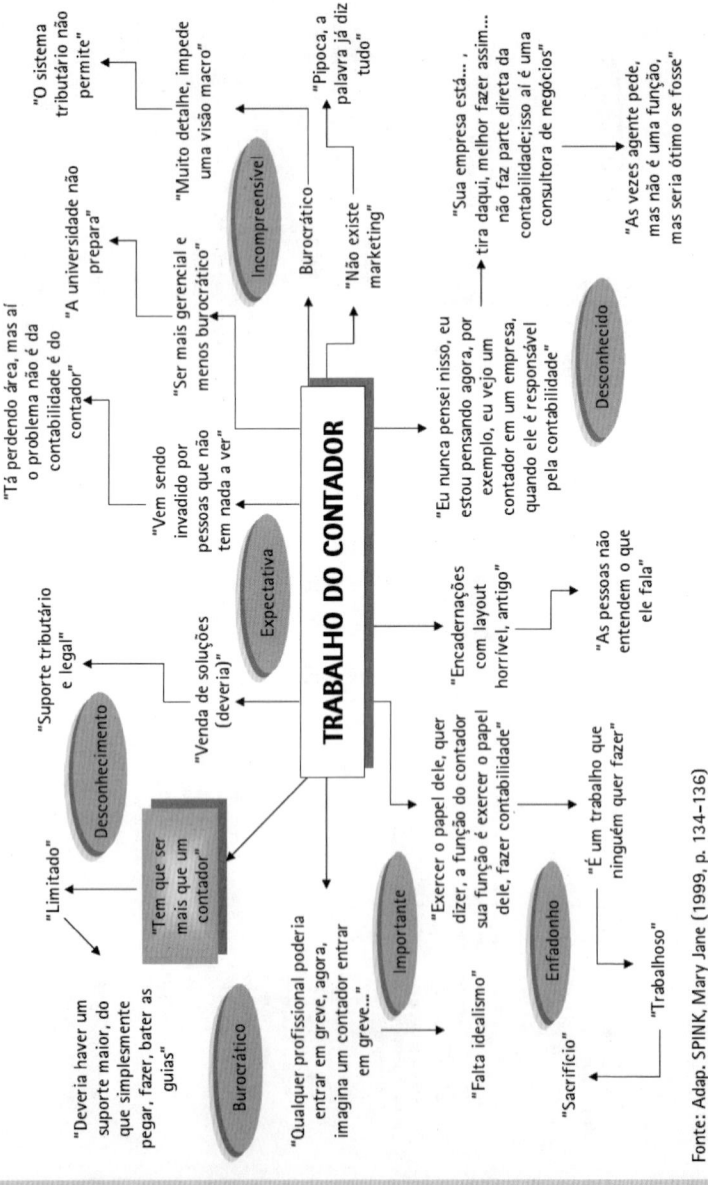

- "O sistema tributário não permite"
- "Muito detalhe, impede uma visão macro" — Incompreensível
- "Pipoca, a palavra já diz tudo"
- "A universidade não prepara"
- Burocrático
- "Não existe marketing"
- "Tá perdendo área, mas aí o problema não é da contabilidade é do contador"
- "Ser mais gerencial e menos burocrático"
- "Sua empresa está... , tira daqui, melhor fazer assim... não faz parte direta da contabilidade;isso aí é uma consultora de negócios"
- "Vem sendo invadido por pessoas que não tem nada a ver" — Expectativa
- Desconhecido
- "As vezes agente pede, mas não é uma função, mas seria ótimo se fosse"
- "Eu nunca pensei nisso, eu estou pensando agora, por exemplo, eu vejo um contador em um empresa, quando ele é responsável pela contabilidade"
- "Suporte tributário e legal"
- "Venda de soluções (deveria)"
- "Encadernações com layout horrível, antigo"
- "As pessoas não entendem o que ele fala"
- Desconhecimento
- "Limitado"
- "Tem que ser mais que um contador"
- "Exercer o papel dele, quer dizer, a função do contador sua função é exercer o papel dele, fazer contabilidade" — Importante
- "É um trabalho que ninguém quer fazer" — Enfadonho
- "Deveria haver um suporte maior, do que simplesmente pegar, fazer, bater as guias"
- Burocrático
- "Qualquer profissional poderia entrar em greve, agora, imagina um contador entrar em greve..."
- "Falta idealismo"
- "Sacrifício"
- "Trabalhoso"

Fonte: Adap. SPINK, Mary Jane (1999, p. 134-136)
Desvendando as teorias implícitas: Uma Metodologia de análise das Representações Sociais

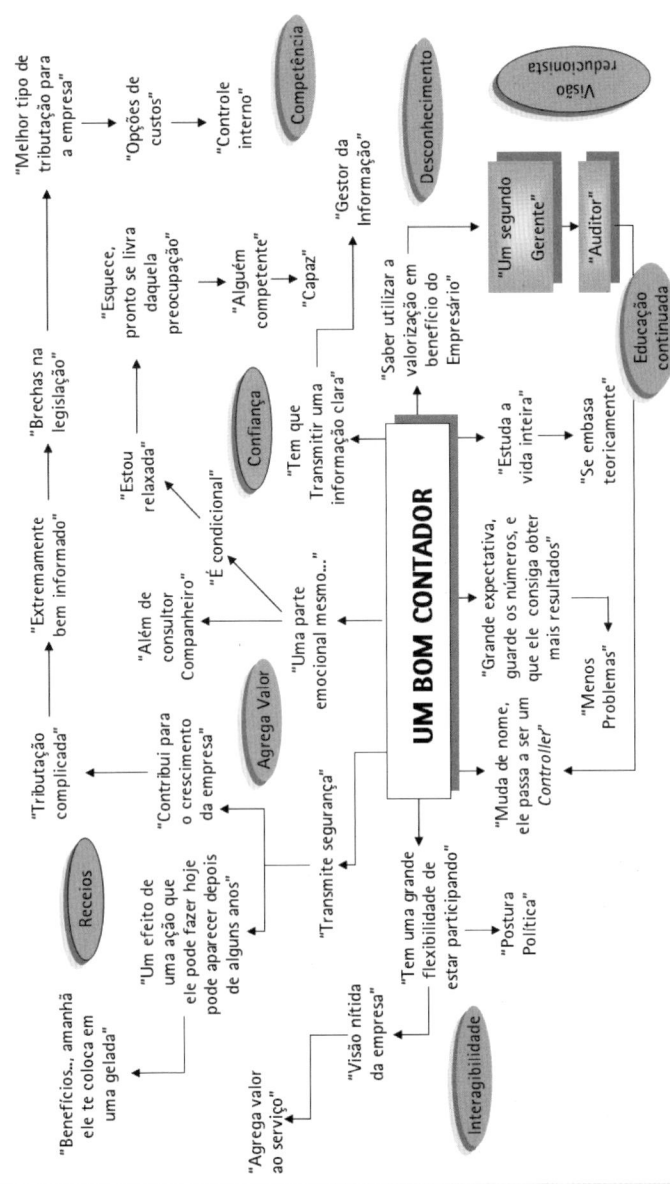

Fig. 17 – Representações sociais de um bom contador

Fonte: Adap. SPINK, Mary Jane (1999, p.134-136)
Desvendando as teorias implícitas: Uma Metodologia de análise das Representações Sociais

**Fig. 18 – Representações sociais de um contador ruim**

**UM CONTADOR RUIM**

- "Digitador" → "Atípico contador"
- Mecânico
- "Por que o conselho não cuida de selecionar, de dar um selo de qualidade"
- Unicidade
- "O contador não pode ficar sendo só contador"
- Desconhecimento
- "Não conhece a realidade da empresa"
- Visão do passado
- "Visão voltada somente para trás"
- "O cara que só faz contas somaliza o que está lendo"
- "Sem poder de persuasão"
- Apático
- "Aquele que só chega com a guia para pagar"
- "Um contador mal informado"
- Sem competência
- "Sem capacidade técnica"

Fonte: Adap. SPINK, Mary Jane (1999, p. 134-136) Desvendando as teorias implícitas: Uma Metodologia de análise das Representações Sociais

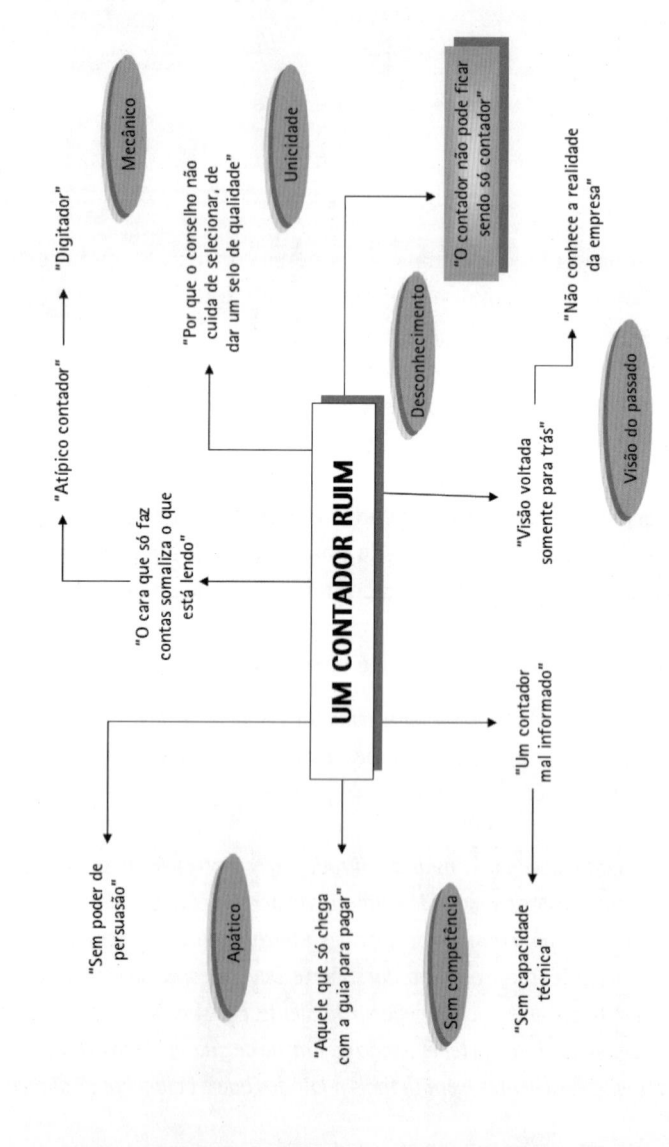

# 5 CONSIDERAÇÕES FINAIS

As representações sociais são saberes construídos pela sociedade em relação a um objeto social, que elas também ajudam a formar, uma versão contemporânea do senso comum. Objetivando um elo, uma aproximação entre o conhecido e o desconhecido desse objeto, neste processo, as representações sociais se tornam, elas mesmas, parte do objeto que na sua origem as formou, criando uma identidade entre sujeito e objeto. Como lembra Lévi-Strauss (1975, p.215): "Numa ciência, em que o observador é da mesma natureza que o objeto, o próprio observador é uma parte da observação." Desta forma, assim foram identificados os profissionais da Contabilidade no imaginário sobre o contador e a Contabilidade – citando observações, que não por coincidência se apresentaram com maior índice de freqüência no grupo pesquisado:

*"a imagem que se tem da Contabilidade é a de má utilização dos serviços do contador enquanto ciência, especialmente por causa do grande volume de trabalho burocrático imposto pelo governo";*

*"o contador deveria ser mais atualizado, fazer marketing de seu trabalho, contribuir para o crescimento da empresa, vender soluções, ser mais que um contador, assessor para tomada de decisões, utilizar as informações do passado para fazer previsões sobre o futuro, dar suporte. Deveria especializar mais o seu negócio. Emitir opiniões sobre o negócio do cliente. Envolver-se mais com a dinâmica das empresas. Deveria ter evoluído na função de guarda-livros. Deveria assessorar mais seus clientes e emitir mais relatórios que o balancete e balanço";*

*"o contador deveria atuar mais no planejamento das empresas. Orientar mais os clientes sobre a importância de ser mais correto em suas ações".*

Imagens construídas; o contador é "um ser misterioso", "não agrega valor, mas tem uma moral incrível com o dono, o acionista", é "burocrático", "muda de nome, passa a ser um *controller*". "Se embasa teoricamente"; funciona como "uma parte emocional mesmo...". Vinculado a um "processo extremamente simples", é visto como revestido de "idoneidade". Entretanto, diz-se do contador – "aquele que sabe o custo de tudo e o valor de nada".

Foram constatadas representações nas quais se identificaram as veiculações da imagem do contador e da Contabilidade desprovidas de informações e conhecimentos sobre o profissional e seu trabalho: "ele não pode ser só contador; "os contadores nesses lugares são como auditores"; "tem que ser mais que um contador"; "um segundo gerente"; "o contador não pode ficar sendo só contador". Verificou-se uma forte associação da Contabilidade e dos contadores a números, impostos, cumprimento de obrigações acessórias ligadas ao fisco e a uma grande malha burocrática. "A imagem que se tem da Contabilidade remete à burocracia, tributos, obrigações, bater guias; registros." Está associada à matemática, a cálculos, números, estatística, controle". Também se referiram à Contabilidade como "organizadora de dados", "(...) é matemática, ela não muda, ela não altera"; ao "imposto de renda", à "legislação". Ao contador se referiram como aquele "que se perde no meio dos papéis"; "despachante"; e justificam: "(...) muitas vezes, não dá conta de acompanhar tudo, todos os dias, é impossível". Foi constatado um certo receio quanto ao trabalho do contador e neste sentido foram coletadas declarações tais como:

> "Que os céus não permitam que um contador domine uma empresa! Tudo o que eles fazem é olhar para os números, demitir gente e aniquilar o negócio. Sei disso porque contrato contadores. Tudo o que eles pensam é cortar custos e aumentar preços, o que causa mais problemas. A Contabilidade é importante. Gostaria que mais gente a conhecesse, mas, ao mesmo tempo, ela não mostra tudo."

> "Um gerente de banco falou que 'não dá para decidir em cima desses balanços que andam por aí, eles são todos falsos."

Paralelamente, foi identificado que existe um espaço na sociedade para que os contadores atuem de forma a cunhar, efetivamente, atributos de utilidade e qualidade para tomada de decisões, em seus negócios:

"Um bom contador inspira confiança, é bem informado. Estuda a vida toda. Oferece uma visão mais clara das informações. É entendido de sistemas de informática. Conhece o negócio de seu cliente. É sinônimo de solução. Consegue com os números do passado oferecer uma visão do futuro. Surpreende o cliente com sugestões baseadas em seus controles. Utiliza bem as facilidades da informática."

"Um bom contador deveria se envolver mais com a política do país para defender os interesses da sociedade e não ficar só obedecendo às deliberações. Poderia melhorar a cultura da arrecadação. Demonstrar mais responsabilidade social informando melhor a sociedade sobre seus direitos e não permitindo tanto abuso do Estado. Deveriam se unir mais como categoria para garantir representatividade social."

Entre os grupos pesquisados existe também uma forte imagem associando o contador ao "bombeiro, que corre para apagar o fogo", a "um fazedor de declarações de imposto de renda", "fazedor de contas", "portador de notícias ruins", "tábua de salvação, mas que também pode afundar o barco". Desprovido de capacidade crítica, seria um profissional voltado ao cumprimento da agenda fiscal, a um processo de escrituração revestido de *layout* "horrível" e de difícil entendimento. Rotulado como sendo um "sujeito antigo", é remetido à figura dos "guarda-livros" (NAKAGAWA & VOLTAINE:2001, p.2).

A pesquisa detectou que o contador e a Contabilidade estão presos às regras, sejam elas internas ou externas, e neste sentido foi ressaltada uma preocupação com a "proteção" das empresas, e não das pessoas. Metódico, o profissional passa uma imagem de "chato", aquele que "faz o serviço que ninguém quer fazer"; sua contratação é "imposta", e "as pessoas que escolhem essa profissão não são de um nível social elevado".

Por outro lado foi identificada uma imagem do sujeito "esforçado", "ele é o cara que pensa", e para quem o campo de trabalho não apresenta um quadro estatístico preocupante quanto à questão desemprego, e cuja remuneração "não é tão má".

Constatou-se, no tocante aos requisitos de um "bom contador": maior atualização; especialização; educação continuada; envolvimento com o cliente, usuário, em todas suas modalidades. Tanto no reportar do comportamento dos negócios em termos de resultados, quanto ao entendimento do negócio são requeridos sincronismo e interação na relação entre Contabilidade, contador, negócio e usuários.

Aliado à idéia de um profissional que inspira confiança, responderam os participantes da pesquisa que um "bom contador" também deveria se envolver de forma mais efetiva na política do país – no resguardo dos interesses da sociedade. Por outro lado, um "contador ruim" é associado à não-especialização, não-envolvimento com o cliente e seu negócio, ficando na superficialidade analítica dos dados, sem os transformar em informações úteis para tomada de decisões. Estes contadores deveriam "ter uma flexibilidade de estar participando", apresentar "postura política", deveriam estar analisando e indicando um "melhor tipo de tributação para a empresa"; é "o cara que só faz conta, soma o que está lendo", e de "visão voltada somente para trás".

Esse profissional se priva da prerrogativa de contador, alterando sua denominação em situações que possam apresentar maior facilidade ou prestígio social, quando no exercício da controladoria, consultoria ou auditoria, por exemplo. E assim se expressam os pesquisados: "... porque o contador era valorizado; e ele era ali, um consultor"; "os contadores nesses lugares são como auditores"; "muda de nome, ele passa a ser um *controller*".

Segundo a pesquisa, existe ética na Contabilidade; porém esta ética está desvinculada da ética dos contadores. Como seu prestígio, "...que é pessoal e não da classe"; "uma aliança entre o contador e você (...), e a população de uma certa forma (...)". Foi dito que a ética é "horrível (...), infelizmente a visão que se tem do contador é aquele sujeito que você chega e pergunta para ele quanto que são dois mais dois, e ele pergunta para você – quanto que você quer que seja?". "Na desvalorização do contador no mercado, a empresa fala para o contador que não quer pagar impostos".

Sobre prestígio: é "um prestígio individual, mas em geral, falando em Contabilidade...". O prestígio é direcionado à pessoa do contador; de alguns ditos contadores de atributos especiais, e assim se expressam os participantes da pesquisa: "há contadores e contadores". Em falas como: "esse rapaz (ou seria um senhor?) me parece pouco imaginativo, conservador e um tanto piegas, porém fiel e trabalhador. Eu diria que o lugar dele é no Departamento de Contabilidade", ilustramos a dimensão do prestígio em que se vê o contador e a própria Contabilidade.

Na atividade em que foi feita a pergunta aos participantes do *Focus Group* sobre o que imaginavam ser a Contabilidade e ou o contador, em analogia a um animal, foram lembrados: cachorro, paca, elefante, peixe, águia, leão, galo de briga, coruja, morcego, borboleta, passarinho, girafa, harpia, pavão, hiena, tigre e raposa. Suas justificativas encontram resguardo em um misto de visão, que ora exalta, ora rechaça tanto a Contabilidade como o contador. Foram apontadas tanto alusões a características de qualidade como de não-qualidade, ao se fazer referência a um mesmo animal: "cachorro – pode ser nobre ou um vira-lata"; "elefante – lento, quando deveria ser rápido. Pesado quando deveria ser ágil. Mas, com grande memória. Também berra forte"; "águia – boa visão, predadora"; "leão – vinculado à luta, a garra, tributação"; "harpia – voa sempre baixo, mas pode conseguir voar muito alto se quiser"; "touro – melindroso e muito forte".

Um comportamento identificado e previsto em estudos de representações sociais enquanto processo (cf. SPINK:1999, p.122-123), ressalta que "a co-existência de permanência e diversidade no campo de estudo das representações sociais permite entender melhor o papel da contradição na elaboração das representações". Geerz (1983) diz que:

> *"ao trabalharmos o senso comum não cabe catalogar os conteúdos em busca do estável e consensual porque eles são essencialmente heterogêneos. Não cabe buscar as estruturas lógicas subjacentes porque elas não existem. Ao aprofundarmos a análise do senso comum, deparamos não apenas com a lógica e com a coerência, mas também com a contradição".*

De acordo com essas idéias de SPINK & GEERZ e também Spink (1999, p.128), a análise das representações sociais, identificadas neste trabalho, buscou não a verdade intrínseca dos instrumentos que definem o rigor, mas sim a compreensão dos limites de suas possibilidades – o que de subjacente existe em expressões como: "huuummmm, prestígio..."; ou na inquietação, angústia e múltiplas manifestações como risos, silêncios e na surpresa diagnosticada pela profissional psicóloga (observadora externa) da dinâmica do *Focus Group*, conforme relatório de observação (Anexo 4); bem como a indagação da moderadora – "por que os sorrisos?" – ao serem abordadas, por exemplo, nas dimensões em que se discutiu ética, trabalho do contador; ou expressões como "tem que ser mais que um contador", "ele não pode ser só contador".

Compara-se o contador, ao mesmo tempo, como um ser "mágico", no sentido de "esconder as coisas", como capaz de "todas as soluções", "viabilizador de mutretas", e zeloso com seu protetorado; como outro exemplo, não por coincidência, a compor os símbolos da Contabilidade tem-se a figura de Hermes (embusteiro ardiloso), "...um *trickster*; ao mesmo tempo, companheiro amigo e protetor; dos comerciantes e dos ladrões".

Quanto a esta característica ou paralelo dúbio, como a que se apresenta o contador nas imagens veiculadas, ora como argumento de atributos favoráveis, ora como de atributos pouco favoráveis, também questiona Samuels (1972) no que se refere a Hermes. Jung, buscando uma resposta, diz que se trata de individuação, o que encontra respaldo em outra representação aqui identificada, o fato de ser o prestígio da Contabilidade e do contador algo "individual", e expressões como "há contadores e contadores".

Identificou-se que existe um imaginário coletivo a circundar o contador e a Contabilidade, imaginário este que alimenta as representações sociais no dia-a-dia da sociedade e que sugere serem construídas mais sob uma base inconsciente do que consciente. Para lembrar Jung (2001, p.67), as representações têm inúmeras variações e detalhes, e essas variações e detalhes comporão as representações, as representações sociais.

Ao tratar a base inconsciente, em que são construídas as representações, ressalta-se também, nas palavras de Jung, a distinção entre "formas de expressão" e "formas", no aspecto "tendência".

A tendência diz respeito à predisposição de reagir de acordo com as "imagens primordiais", os arquétipos, e as formas de expressão, em função de uma percepção, o que se traduz pela constatação de que, embora fundamentada em elementos formados na psique inconsciente, a imagem não é única e inconsciente, mas reproduzida sob a sustentação do inconsciente.

A percepção que sugere ordenar a visão comum sobre o contador e a Contabilidade conduz a forma como se encara o fenômeno. A Contabilidade, como o contador, ao serem objetivados pelas críticas, identificadas no processo de coleta de dados, têm nessas mesmas críticas os argumentos de qualidade que os caracterizam. Ao se expressarem sobre a Contabilidade como necessária e útil, ou sobre "um bom contador", assim dizem os participantes da pesquisa: "(...) então, a gente não aceita que tenha erro". "A deficiência do contador para mim é o erro, se ele errar em lançamentos, ou lançar em contas diferentes". "O papel do contador é pegar esses números e tratá-los seguindo alguns critérios, algumas vezes legais, e muitas vezes critérios internos da empresa...". Da mesma forma afirmam: "ele não pode ser só contador". Por outro lado, "(...) exercer o papel dele, quer dizer, a função do contador é fazer contabilidade"; "às vezes a gente pede, mas não é sua função, mas seria ótimo se fosse".

Na questão de envolvimento gerencial da Contabilidade e do contador, "tem que ser mais que um contador"; "(...) é isso aí, seria uma grande contribuição que o contador poderia dar à empresa, ele seria um gerente, um administrador" – "um segundo gerente"; um "auditor". Não obstante, também compõem a sociedade os órgãos representativos da classe contábil, bem como estudiosos do assunto, que por circunstâncias não integraram a sociedade pesquisada, mas de forma similar se referem à Contabilidade. Sob um prisma representacional, como o referenciado na introdução deste trabalho, dizem: "o estudo destaca que há mais coisas envolvidas na profissão contábil do que apenas contabilidade (...)"[159].

No senso comum, não é sabido o que seja Contabilidade ou contador, nem a razão de seus constructos. Na construção das representações sociais, justifica-se a necessidade de "familiarização" com o objeto a que se referem (JACQUES ET AL:2001, p.108-109); compreender o objeto, para que se possa participar do processo de comunicação em que se vêem inseridas. Quanto à Contabilidade e ao contador, ao mesmo tempo em que são valorizados, não se consegue perceber ou discernir, nas pessoas, a atribuição de tais valores, em que alternadamente são da mesma natureza: qualidades e não-qualidades.

Cabe aos contadores realizar as imagens que se quer da Contabilidade e, por extensão, a imagem dos contadores, neste processo de disseminação do que seja Contabilidade e o contador. Lembramos Maroni (1998, p.115): "só o indivíduo é capaz de criar novos valores para a sociedade, e só com a criação desses novos valores o indivíduo será de novo aceito pela sociedade". O aceite da imagem que se quer ter.

Em síntese podemos identificar e construir as seguintes representações sociais:

---

[159] Grupo de estudos do Comitê de Contabilidade Financeira e Gerencial (FMAC), da Federação Internacional de Contadores (IFAC), ao revisar o Estudo 3, *Uma introdução ao gerenciamento financeiro estratégico*. In: ALMEIDA:1995, p.7.

- **Contabilidade:** burocracia, mal necessário, papel, matemática, informações, mina de ouro (oportunidades), solução, complexidade, imposto de renda, registros, chatice, subavaliação, obrigatoriedade;
- **contador:** vilão, bombeiro, guarda-livros, mágico, misterioso, burocrata, fazedor de contas, chato, antiquado, tábua de salvação, funcionário do governo, protetor das empresas em detrimento do funcionário, esperto, esforçado, necessário, enrolado, faz-tudo;
- **ética na Contabilidade:** horrível, dilema, existe mas é difícil, conscientização, utopia no juramento, retidão, honestidade;
- **prestígio:** individual, contaminado para menos, deteriorado, ausência de marketing;
- **trabalho do contador:** burocrático, soluções, ausência de marketing, incompreensível, desconhecido, de risco (para o profissional e para o usuário);
- **um bom contador:** informado, participativo, interage, educação continuada, visão de negócio, agrega valor, competente, objetivo, confiável, consultor;
- **um contador ruim:** mecânico, digitador, sem poder de persuasão, apático, visão do passado, mal informado, sem capacidade técnica.

Arraigadas, estas imagens demandarão um trabalho de médio e longo prazo para possíveis alterações.

Entendemos que cabe à academia sair na frente, e esperamos que este trabalho inicial possa ter contribuído para se "desvendar" os mitos da Contabilidade e do contador, concordando com Jung, *apud* Ziemer (1996, p.35), que considera esta uma das maiores tarefas dos investigadores comportamentalistas.

# Bibliografia

ABNT PÚBLICA NBR 6023: 2000. Disponível em: <http://www.ufpa.br/bc/nbr_6023_2000.htm>. Acesso: 18 abr. 2001.

ABRANTES, José Serafim. O papel da informação contábil num mundo globalizado. **Revista Brasileira de Contabilidade**, n.º 110, mar.-abr. 1998.

ALMEIDA, Maria Goreth Miranda. O papel da contabilidade. **Boletim do Ibracon**. Publicação do Instituto Brasileiro de Contadores – IBRACON. Ano XVIII, nº 211, dez. 1995.

AMCHAM. Comitê de Finanças – SP, 22/3. *Update*. Revista mensal da Câmara Americana de Comércio de São Paulo. Ano XVIII, nº 382, mai. 2002.

AMED, Fernando José; NEGREIROS, Plínio José Libriola de Campos. **História dos tributos no Brasil**. São Paulo: Nobel, Edições Sinafresp, 2000.

ANDRADE, Maria Margarida de. **Como preparar trabalhos para cursos de pós-graduação**. 3ed. São Paulo: Atlas, 1999.

ANTHONY, Robert Newton et al. *Accounting: text and cases*. Chicago: Irwin, 1975.

ASSOCIAÇÃO BRASILEIRA DE NORMAS TÉCNICAS (ABNT). **NBR 6023/2000**: Informação e Documentação – Referências – Elaboração. Rio de Janeiro, 2000.

ATKINSON, Anthony A. et. al. **Contabilidade gerencial**. Trad. André Olímpio Mosselman Du Chenoy Castro. 2ed. São Paulo: Atlas, 2000. Título original: *Management Accounting*.

AZAMBUJA, Deodato Curvo de. *The place of the unconscious or about the unconscious as a place*. **Inconsciente**. V. 10, nº 1. Psicologia/USP, São Paulo, l999, p.11-24 (Trabalho apresentado no Fórum Temático sobre o Inconsciente, realizado na Sociedade Brasileira de Psicanálise de São Paulo, 22 set. 1993).

BALDWIN, Brace A.; INGRAM, Robert.W. *Rethinking the objectives and content of elementary accounting*. **Journal of accounting**. V. 9. EUA, 1991.

BEGALLI, Glaucos A. **Contabilidade contemporânea**. 1993. Dissertação (Mestrado em Contabilidade). PUC, São Paulo.

BERGAMINI, Cecília Whitaker. **Psicologia aplicada à administração de empresas**. 5ed. São Paulo: Atlas, 1979.

BIO, Sérgio Rodrigues. **Sistemas de informação.** Um enfoque gerencial. São Paulo: Atlas, 1985.

BLOOMBERG NEWS. De *San Francisco (USA)*, Caso Enron faz balanços ficarem mais transparentes. **Gazeta Mercantil**, 11 mar. 2002.

_____. DOW JONES NEWSWIRES. De *Clinton, Mississippi* (EUA), Crédito diminui com a fraude da Worldcom. **Gazeta Mercantil**, 27 jun. 2002.

BRAGA, Hugo Rocha. A contabilidade ajuda ou atrapalha? **Revista Brasileira de Contabilidade.** Ano XX, nº 75, abr.-jun. 1991.

_____. Uma nova linguagem de comunicação em contabilidade. **Revista do Conselho Regional de Contabilidade do Rio Grande do Sul**, out. 1999.

BRANDÃO, Junito de Souza. **Mitologia grega.** V. I, 9ed. Petrópolis: Vozes, 1994.

_____. **Mitologia grega.** V. II, 6ed. Petrópolis: Vozes, 1995.

BRASIL. Constituição (1988). **Constituição da República Federativa do Brasil.** Brasília: Senado Federal, 1988.

_____. Código de Ética Profissional do Contabilista – CEPC (1996). Conselho Federal de Contabilidade. Resolução 803/96. **Diário Oficial da União.** Brasília, 20 nov. 1996. Disponível em www.cfc.org.br//frame.asp?link=pes_res\reso\uc\res_803.doc>. Acesso: 25 abr. 2002.

_____. Lei 10.101 de 19 dez. 2000. Dispõe sobre a participação dos trabalhadores nos lucros das empresas. **Diário Oficial da União.** Brasília, 20 dez. 2000. Seção 1, p.1, *apud* Boletim da IOB, *A Thompson Company.* Ano XXXV, 3ª Semana, nº 29, jul. 2001, TL 1/2001, p.5.

BRASIL, Maria Auxiliadora de Souza. **Da teoria psicoterapêutica esotérica.** 7ed. Belo Horizonte: Cenpe, 2002.

CARVALHO, Carlos de. **Estudos de contabilidade.** V. 1, São Paulo: Companhia Editora Brasileira, 1915.

CASADO, Tânia. **Tipos psicológicos e estilos de comportamento motivacional.** 1993. Dissertação (Mestrado em Contabilidade). Faculdade de Economia, Administração e Contabilidade da USP, São Paulo.

CASSARRO, Antônio Carlos. Responsabilidade social dos contabilistas. **DELECON** – Informativo do CRCSP. São Paulo: mai. 1997.

CASTRO, Cláudio de Moura. **A prática da pesquisa.** São Paulo: McGraw-Hill do Brasil, 1978.

_____. **Estrutura e apresentação de publicações científicas.** São Paulo: McGraw-Hill do Brasil, 1978.

CATELLI, Armando; SANTOS; Edilene Santana. Internet: desafio para uma contabilidade interativa. **Anais do XVI Congresso Brasileiro de Contabilidade.** Goiânia, GO, out. 2000, CD-Rom. Revista **Contabilidade & Finanças** – FIPECAFI – FEA – USP, São Paulo, FIPECAFI, V.

14, nº 25, jan.-abr. 2001.

CATELLI, Armando (Coord.). **Controladoria, uma abordagem da gestão econômica - Gecon.** 2ed. São Paulo: Atlas, 2002.

CHEVALIER, Jean; GHEERBRANT, Alain. **Dicionário de símbolos.** Trad. Vera da Costa e Silva, Raul de Sá Barbosa, Ângela Melim, Lúcia Melim. 16ed. Rio de Janeiro: José Olympio, 200l. Título original: *Dictionnaire des symboles.*

CHINOY, Ely. **Sociedade - uma introdução à sociologia.** Trad. Octaviano Mendes Cajado. São Paulo: Cultrix, 1971. Título original: *Society: an introduction to sociology.*

CLEARY, Thomas. **A arte da riqueza.** Rio de Janeiro; São Paulo: Record, 2000.

COELHO, Márcio Novaes. **Por que é comum a afirmação: 'A contabilidade não serve para nada'.** 1993. Dissertação (Mestrado em Engenharia da Produção). Escola Politécnica da USP, São Paulo.

CONSELHO REGIONAL DE CONTABILIDADE DO ESTADO DE MINAS GERAIS - CRCMG. <www.crcmg.org.br/anel.htm>, <www.crcmg.org.br/caduceu.htm>, <www.crcmg.org.br/sao-mateus.htm>. Acesso: 4 abr. 2002.

CONSELHO FEDERAL DE CONTABILIDADE - CFC. **Perfil do contabilista brasileiro.** Brasília: CFC, 1996.

_____. **55 anos de criação dos Conselhos de Contabilidade.** Brasília: CFC, 2001.

_____. **Profissão contábil.** Belo Horizonte, 1998.

COSENZA, José Paulo. Perspectivas para a profissão contábil num mundo globalizado - um estudo a partir da experiência brasileira. **Revista Brasileira de Contabilidade.** Ano XXX. nº 130. Brasília: Conselho Federal de Contabilidade, jul.-ago. 200l.

CUNHA, Jurema Alcides (Trad.). **Dicionário de termos de pscicanálise de Freud.** Porto Alegre: Globo, 1970.

DAVIDOFF, Linda L. **Introdução à psicologia.** Trad. Lenke Perez. 3ed. São Paulo: Makron, 2001. Título original: *Introdution psychology: third edition.*

DE ROSA, Annamaria S. *From theory to metatheory in social representations: the lines of argument of a theoretical - methodological debate.* **Social Science Information.** V. 33, nº 2, 1994.

DEBUS, Mary. **Manual para excelencia en la investigación mediante grupos focales.** Porter/Novelli, 1988.

DEMO, Pedro. **Metodologia científica em ciências sociais.** São Paulo: Atlas, 1981.

DIZ, Carlos A. Os pés primeiro. O que os recrutadores pensam ao bater os olhos em seus sapatos durante uma entrevista de trabalho? Eis a sua chance de ouvi-los. **Revista Exame**

Você S.A. Ano 4, n° 32, fev. 2001.

DREYFUSS, Roberto. O contador não é apenas um técnico em contabilidade. **Gazeta Mercantil**, São Paulo, 24-26 jan. 1987.

DUARTE, Gleuso Damasceno. **A Constituição**: explicada ao cidadão e ao estudante. 10ed. Belo Horizonte: Lê, 1991.

DUMARCHEY, J. Teoria positiva da contabilidade. **Revista de Contabilidade e Comércio.** Vers. Guilherme Rosa. Porto, 1933.

DURAND, Yves. **A formulação imaginária do imaginário e seus modelos.** *Cahiers de recherches sur l'imaginaire (methodologie de l'imaginaire)*. Paris: 1969.

DURKHEIM, Emile. *Représentations individuelles et représentations collectives.* **Revue de Metaphysique et de Morale**, 1898.

ELIADE, Mircea. ***Birth and rebirth***. New York, Happer and Row, 1975.

EY, Henri (Coord.). **O inconsciente**. V. I, VI Colóquio de Bonnevar. Rio de Janeiro:

Tempo Brasileiro, 1969.

FARR, Robert M. **As raízes da psicologia social moderna**. 4ed. Trad. Pedrinho A. Guareschi, Paulo V. Maya. Petrópolis: Vozes, 200l. Título original: *The Roots of Modern Social Psychology*.

FERRARI, Trujillo. **A metodologia da pesquisa científica**. São Paulo: McGraw Hill do Brasil, 1982.

FERREIRA, Aurélio Buarque de Holanda. **Dicionário Aurélio básico da língua portuguesa.** São Paulo: Nova Fronteira/Folha de S. Paulo, out. 1994-fev. 1995.

FERREIRA, Rogério Fernandes. A história e o futuro. APOTEC – Associação Portuguesa de Técnicos de Contabilidade. Centro de Estudos de História da Contabilidade, **Boletim** n° 11. Portugal, 2001.

FIGUEIREDO, Sandra; MOURA, Heber. A utilização dos métodos quantitativos pela contabilidade. **Revista Brasileira de Contabilidade**. Ano XXX, n° 127, jan.-fev. 200l.

FILHO, José Maria Dias. A linguagem utilizada na evidenciação contábil: uma análise de sua compreensibilidade à luz da teoria da comunicação. **Caderno de Estudos FIPECAFI**. V. 13, jul.-dez. 2000.

FONTES, Martins. **Password. K Dictionaries English.** *Dictionary for speakers of portuguese.* 9ed. São Paulo: 2001.

FORGUS, Ronaldo H. **Percepção**. Trad. Nilce Pinheiro Mejías. São Paulo: Editora Herder, 1971. Título original: *Perception.*

FRANCO, Hilário. **50 anos de contabilidade.** São Paulo: Atlas, 1993.

_____. Valorização Profissional. **Boletim do Ibracon.** Ano XVI, n° 176/177, jan.1993.

_____. **Fundamento científico da contabilidade.** 1950. Tese. V Congresso Brasileiro de Contabilidade, Belo Horizonte, MG.

FREUD, Sigmund. A história do movimento psicanalítico – artigos sobre metapsicologia e outros trabalhos. V. XIV (1914-1916). Trad. Jayme Salomão (Dir.). **Ed. Standard Brasileira das obras psicológicas completas de Sigmund Freud.** Rio de Janeiro: Imago, 1969.

_____. O ego e o id e outros trabalhos. V. XIX (1923-1925). Trad. Jayme Salomão (dir.). **Ed. Standard Brasileira das obras psicológicas completas de Sigmund Freud,** op. cit., 1969.

FREZATTI, Fábio; ALONSO BORBA, José. Análise dos traços de tendência de uma amostra das revistas científicas da área de contabilidade publicadas na língua inglesa. **Caderno de Estudos FIPECAFI,** V. 13. São Paulo: Faculdade de Economia e Administração, Departamento de Contabilidade e Atuária, jul.-dez. 2000.

GATTI, Ivan Carlos. O contador, a imagem e a marca. **Revista Mineira de Contabilidade.** Ano III, n° 6. Conselho Regional de Contabilidade de Minas Gerais. Belo Horizonte, 2002.

GEERZ, C. *Local knowledge.* USA, Basic Boocks, 1993.

GIL, Antônio Carlos. **Técnicas de pesquisa em economia e elaboração de monografias.** São Paulo: Atlas, 2000.

GIL, Antônio de Loureiro. **Sistemas de informações contábil/financeira. Integrados a sistemas de gestão empresarial tecnologia ERP.** 3ed. São Paulo: Atlas, 1999.

GOFFMAN, Erving. **A representação do eu na vida cotidiana.** 9ed. Trad. Maria Célia Santos Raposo. Petrópolis: Vozes, 2001. Título original: *The presentation of self in everyday life.*

GOMES, Josir Simeone; SALAS, Joan M. Amat. **Controle de gestão.** São Paulo: Atlas, 1997.

GUARESCHI, Pedrinho A. Representações sociais: alguns comentários oportunos. **Revista Coletâneas da ANPEPP,** n° 10, V. 1, set. 1996a, p.9-36.

GUARESCHI, Pedrinho A.; JOVCHELOVITCH, Sandra (Orgs.). **Textos em representações sociais.** 5ed. Petrópolis: Vozes, 1999.

GULLAR, Ferreira. Homem – invenção do homem. **O Tempo,** Caderno Magazine, p.8. Belo Horizonte, 5 mai. 2002.

GUERREIRO, Reinaldo. **Modelo conceitual de sistema de informação de gestão econômica: uma contribuição à teoria da comunicação da contabilidade.** 1989. Tese (Doutorado). FEA, USP, São Paulo.

GUERREIRO, Reinaldo; CASADO, Tânia; BIO, Sérgio Rodrigues. Algumas reflexões sobre os arquétipos e o inconsciente coletivo na contabilidade de custos: um estudo exploratório.

"*2000 HBO Research Conference*", Chicago; "*IAAER 2000 in Japan*", Kobe, Japão (Prêmio "*Rintaro Aoki Outstanding Papers Award*").

HALL, Fred M. A.; B. COM.; F. C. I. S. **The elements of commercial history**. London: Sir Isaac Pitman & Sons, Ltd., 1935.

HAYKIN, Simon. **Redes neurais: princípios e prática**. Trad. Paulo Martins Engel. 2ed. Porto Alegre: Bookman, 2001. Título original: *Neural networks: a comprenhensive foundation, 2/E*.

HENDRIKSEN, Eldon S.; BREDA, Michael F. **Accounting theory**. 5$^{th}$ed. *USA*: 1991.

_____. **Teoria da contabilidade**. Trad. Antônio Zoratto Sanvicente. 5ed. São Paulo: Atlas, 1999. Título original: *Accounting theory*.

HERRMANN JR., Frederico. **Contabilidade superior**. 8ed. São Paulo: Atlas, 1970.

HICKS, J. R. **Value and capital**. Oxford: *Clarendon Press*, 1946.

HILTON, John. **Calculated spontaneity**. Oxford book of English talk. Oxford: Clarendon Press, 1953.

HILLMAN, James. **Tipos de poder. Um guia para o uso inteligente do poder nos negócios**. Trad. Sônia Regis. São Paulo: Cultura, 2001. Título original: *Kinds of Power – A guide to its intelligent uses*.

HIROSHI, Silvio. Um plano de marketing para a contabilidade. **Caderno de Estudos FIPECAFI**, V. 10, nº 17. São Paulo, jan.-abr. 1998.

HURVICH, Leo Maurice; JAMESON, Dorothea. **Visual psychophysicsby**. Berlin: New York Springer – Verlag, 1974.

HUSSEL, Edmund. **Idées directrices pour une phénoménologie**. 3ed. Paris: Gallimard, 1950.

_____. **Fenomenología de la conciencia del tiempo inmanente**. Buenos Aires: Ed. Nova, 1959.

_____. A idéia da fenomenologia. Trad. Artur Morão. Lisboa: Edições 70, 1990. Título original: *Die idee der Phanomonologia*.

IJIRI, Yuki. **Theory of accounting measurement**. Flórida: *AAA (American Accounting Association)*, nº 10, 1975.

IUDÍCIBUS, Sérgio de. Princípios de contabilidade: aceitação pelo seu conteúdo ou pela origem? **Boletim do Contador**, nº 127. Publicação do Instituto Brasileiro de Contadores – Ibracon, dez. 1998.

_____. Contabilidade: uma visão crítica e o caminho para o futuro. **Boletim do Ibracon**, Ano XIII, nº 150, nov. 1990.

_____. **Teoria da contabilidade**. 6ed. São Paulo: Atlas, 2000.

_____. É a contabilidade "estratégica" ou é o contador que deve assumir uma postura estratégica? **Boletim da IOB**. A Thomson Company. Ano XXXV – 3ª Semana, nº 29, São Paulo, jul. 200l.

IUDÍCIBUS, Sérgio de; CARVALHO, L. Nelson Guedes. Por que devemos ousar em contabilidade. **Boletim do Ibracon**. Publicação do Instituto Brasileiro de Contadores. Ano XXIII, op. cit., nº 276, mai. 200l.

IUDÍCIBUS, Sérgio de; MARION, José Carlos. **Introdução à teoria da contabilidade**. 2ed. São Paulo: Atlas, 2000.

JACQUES, Maria das Graças Corrêa et al. **Psicologia social contemporânea**. Livro Texto. 5ed. Petrópolis: Vozes, 2001.

JODELET. D. *Les représentations sociales*. Paris: Presses Universitaires de France, 1989.

JOST DE MORAES, Renate. **As chaves do inconsciente**. 17ed. Petrópolis: Vozes, 2001.

JOVCHELOVITCH, Sandra. **Representações sociais e esfera pública**. A construção simbólica dos espaços públicos no Brasil. Psicologia social. Petrópolis: Vozes, 2000.

JUNG, Carl Gustav. *Collected Works, CW, 13*. Organizados por H. Read; M. Fordham; G. Adler e W. McGuire, 1969. Trad. R. Hull. Editora Routledge.

_____. *The archetypes and the collective unconscious*. 2th Translated by R. F. C. Hull. London: Routledge & Kegan Paul, 1969.

_____. *Psicología de la transferencia*. 3ed. Buenos Aires: Paidos, 1972.

_____. **Tipos psicológicos**. Rio de Janeiro: Zahar, 1974.

_____. **Memórias, sonhos e reflexões**. Trad. Dora Ferreira da Silva. 7ed. Rio de Janeiro: Nova Fronteira, 1975. Título original em inglês: *Memories, Dreams, Reflections*.

_____. O desenvolvimento da personalidade. **Obras completas de C. G. Jung**. Trad. Frei Valdemar do Amaral, OFM. V. XVII. Petrópolis: Vozes, 1981. Título original alemão: *Uber die Entwicklung der Personlichkeit*.

_____. O eu e o inconsciente. V. 2. **Obras completas**. Petrópolis: Vozes, 1987.

_____. **Psicologia do inconsciente**. Petrópolis: Vozes, 1995.

_____. Fundamentos de psicologia analítica. Trad. Araceli Elman. 8ed. Petrópolis: Vozes, 1998. **Obras completas de C. G. Jung**. V. XVIII/1. Título original em alemão: *Das Symbolische Leben (G. W. 18) Uber Grundlagen der analytischen Psychologie*.

_____. **O homem e seus símbolos**. Edição Especial Brasileira. Trad. Maria Lúcia Pinho. 19ed. Rio de Janeiro: Nova Fronteira, 2001. Título original: *The man and his symbols*.

KAPLAN, Robert S.; ATKINSON, Antony A. ***Advanced management accounting***. 3ed. Prentice Hall, Inc. Upper Saddle River, New Jersey, 1989.

KATZ, Daniel; KAHN, Robert L. **Psicologia social das organizações.** Trad. Auriphebo Simões. 3ed. São Paulo: Atlas, 1987. Título original: *The social psychology of organizations.*

KIESO, Donald E.; WEYGANDT, Jerry J. *Intermediate accounting.* $9^{th}$ed. *New York : John Wiley & Sons, INC.* 1998.

KIESO, Donald E.; WARFIELD, Terry D. *Intermediate accounting.* $10^{th}$ed, op. cit., 2001.

KIYOSAKI, Robert T.; LECHTER, Sharon L. **Pai rico, pai pobre.** Trad. Maria Monteiro. Rio de Janeiro: Campus, 2000. Título original: *Rich dad, poor dad.*

KLEIN, Tostoi C. **História da contabilidade.** Rio de Janeiro: Aurora, 1954.

KRYSTAL, Phyllis. *Cortando mas lazos que atan.* Buenos Aires: Errepar Ed., 1990.

LALANDE, André. **Vocabulário técnico e crítico da filosofia.** Trad. Fátima Sá Correia et al. 2ed. São Paulo: Martins Fontes, 1996. Título original: *Vocabulaire téchnique et critique de la philosophie.*

_____. **Psicologia social.** O homem em movimento. 2ed. São Paulo: Brasiliense, 1985.

_____. Usos e abusos do conceito de representação social. In: SPINK, Mary Jane. **O conhecimento no cotidiano**: as representações sociais na perspectiva da psicologia social. São Paulo: Brasiliense, 1993.

LAPLANCHE, J.; PONTALIS, J.-B. *The language of psychoanalysis.* Londres: Hogarth, 1980.

LENTZ, Edith. *A comparison of medical and surgical floors.* Escola Estadual de Relações Industrial e de Trabalho de Nova York. Universidade de Cornell, 1954.

LEWIN, Kurt. **Problemas de dinâmica de grupo.** Trad. Miriam Moreira Leite. 4ed. São Paulo: Cultrix, 1983.

LEXIS, G. *Commercio.* **Econom,** 3ª Série. Tomo 34 [19–?].

LISBOA, Lázaro Plácido (Coord.). Ética geral e profissional em contabilidade. **FIPECAFI.** São Paulo: Atlas, 1997.

LUNGARZO, Carlos. **O que é ciência.** São Paulo: Brasiliense, 1989.

MACFARLANE, W. Selwyn. O papel dos contadores na melhoria do desempenho dos negócios. XIV Congresso Mundial de Contadores, out. 1992. **Boletim do Ibracon.** Ano XVII, nº 203, abr. 1995.

MALVEZZI, Sigmar. Prefácio. In: ZIEMER, Roberto. **Mitos organizacionais.** O poder invisível na vida das empresas. São Paulo: Atlas, 1996.

MANGUEL, Alberto. **Uma história da leitura.** Trad. Pedro Maia Soares. 2ed. São Paulo: Companhia das Letras, 2001. Título original: *A history of reading.*

MARION, José Carlos. O contabilista, a ética e a bíblia. **Revista Brasileira da Contabilidade,** op. cit., n° 58, 1986.

_____. Preparando-se para a profissão do futuro. **Revista Pensar Contábil.** Conselho Regional de Contabilidade do Estado do Rio de Janeiro. Ano I, n° 2, nov. 1998.

MARONI, Amnéris. **Jung: o poeta da alma.** São Paulo: Summus, 1998.

MARTINS, Eliseu. Uma geral na contabilidade. **Boletim do Contador.** Publicação do Instituto Brasileiro de Contadores – Ibracon. Ano XII, n° 136. São Paulo: set. 1989.

_____. **Contabilidade de custos.** 7ed. São Paulo: Atlas, 2000.

MARTINS, Gilberto de Andrade. **Manual para elaboração de monografias e dissertações.** São Paulo: Atlas, 2000.

_____. LINTZ, Alexandre. Guia para elaboração de monografias e trabalhos de conclusão de curso. São Paulo: Atlas, 2000.

MATESSICH, Richard. *Methodological preconditions and problems of a general theory of accounting.* In: **Accounting Review**, jul. 1972.

MAZZOTTI, Alda Judith; GEWANDSZNAJDER, Fernando. **O método nas ciências naturais e sociais** – pesquisa quantitativa e qualitativa. 2ed. São Paulo: Pioneira, 2002.

MAYNARD, Herman; MEHRTENS, Susan. *The fourth wave*: business in the 21st century. Berrety & Koehler, 1993.

MELON. Saggio politico sul commercio. Daire [199-?].

MENEGAZZO, Carlos Maria; TOMASINI, Miguel Angel; ZURETTI, María Mónica. **Dicionário de psicodrama e sociodrama.** São Paulo: Agora, 1992.

MICHAELIS. **Dicionário ilustrado.** V. 1. Inglês-Português. São Paulo: Melhoramentos, 2000.

MIGLIAVACCA, Paulo N. **Novo dicionário de termos de negócios.** São Paulo: Edicta, 1999.

MINAYO, Maria Cecília de Souza. (Org.). **Pesquisa social, teoria, método e criatividade.** 20ed. Petrópolis: Vozes, 2002.

MIKKELSEN, Randall. IBM divulga prejuízo de divisão de discos. **O Estado de São Paulo**, Caderno Economia B-10, São Paulo, 10 jul. 2002.

MONTEIRO, Martin Noel. A conta – origem, evolução, conceituação. **Centro de Estudos de História da Contabilidade**, Boletim n° 11. Portugal, 2001.

MOREIRA, Assis. Globalização exige novo perfil de contador. **Gazeta Mercantil**, 28 fev. 1999.

MOREIRA, Daniel Augusto. **O método fenomenológico na pesquisa.** São Paulo: Pioneira Thomson, 2002.

MORGAN, D. L. *Focus Groups as qualitative research.* Newbury Park, CA: Sage Publications, 1988.

MORGAN, Goreth. **Imagens da organização**. Trad. Cecília Whitaker Bergamini, Roberto Coda. São Paulo: Atlas, 1996. Título original: *Image of organization*.

MOSCOVICI, Serge. **A representação social na psicanálise**. Trad. Álvaro Cabral. 2ed. Rio de Janeiro: Zahar, 1978. Título original: *La psychanalyse – son image et son public*.

_____. *On social representations*. In: FORBAS, J. P. (Eds.). **Social cognition:** *perspectives on everyday understanding*. London: Academic Press, 1981.

_____. *Influencia y cambios de actitudes e individuos y grupos*. Barcelona: Paidos, 1994.

_____. *Des représentations collectives aux représentations sociales*. In: JODELET. **Les représentations sociales**. Paris: Presses Universitaries de France, 1989.

MOST, Kenneth. **Accounting theory**. Ohio: Crid. Inc., 1977.

MOTA, Miriam Becho; BRAICK, Patrícia Ramos. **História das cavernas ao terceiro milênio**. São Paulo: Moderna, 1998.

NAKAGAWA, Massayuki. O verdadeiro papel do contador no Brasil. **Revista Paulista de Contabilidade**, ago. 1997.

NAKAGAWA, Massayuki; VOLTAINE, Clauser Oliboni. Contador: liberte-se! **I Seminário USP de Contabilidade**. Realização: Faculdade de Economia, Administração e Contabilidade – EAC/FEA/USP, 1º-2 out. 200l, disponível em: <http://www.eac.fea.usp.br/eac/seminario/arquivos/htm/14.htm>. Acesso: 21 mar. 2002.

NASCH, Laura L. **Ética nas empresas:** guia prático para soluções de problemas éticos nas empresas. São Paulo, Makrom Books, 200l.

NEISSER, Ulric. **Cognition and reality:** *principles and aplications of cognitive psychology*. San Francisco: W. H. Freeman, 1976.

PALADINI, Edson Pacheco. **Gestão da qualidade**. Teoria e prática. São Paulo: Atlas, 2000.

PALMER, Michael. **Freud e Jung sobre a religião**. São Paulo: Loyola, 2001.

PAULA, Cláudio Paixão Anastácio. O conceito de representação social. Mimeo, 1998.

PELEIAS, Ivan Ricardo. Desafios e possibilidades para o contabilista no ambiente dos sistemas integrados. **Revista Brasileira de Contabilidade**. Ano XXX, nº 132. Brasília: Conselho Federal de Contabilidade, nov.-dez. 200l.

PERARO FILHO, Carlos. [s/ tít.] 1978. Dissertação (Mestrado). Pontifícia Universidade de São Paulo, São Paulo.

PEREIRA, Otaviano. **O que é teoria**. São Paulo: Brasiliense, [198-?].

**PLURAL**, Caderno de Estudos. Faculdade de Ciências Humanas – Fundação Mineira de Educação e Cultura – FUMEC. 30 anos de memórias, sonhos e reflexões. Um encontro com Jung. Nº 5, abr. 1993.

REVISTA MINEIRA DE CONTABILIDADE. 50 anos de profissão em Minas. N.º 2. Belo Horizonte: CRC/MG, 1º trimestre 2001.

_____. A função social do contabilista. N.º 3. Belo Horizonte: CRC/MG, 2º trimestre 2001.

ROBBINS, Stephen P. **Administração** – mudanças e perspectivas. Trad. Cid Knipel Moreira. São Paulo: Saraiva, 2000. Título original: *Managing today*.

S/A ESTADO DE MINAS: Lula apóia renegociação das dívidas com a União. Caderno de Política, p.2, Belo Horizonte, 13 jul. 2002.

SÁ, Antônio Lopes de. **História geral e das doutrinas da contabilidade**. São Paulo: Atlas, 1997.

SACCHETTA, José (Coord.). **Dicionário de profissões**. São Paulo: Klick Editora, 1999.

SACK, Robert. *Perspectives on accounting ethics*. In: KIESO, Donald E.; WEYGANDT, Jerry J. *Intermediate accounting*. 9th ed. New York: John Wiley & Sons, Inc., 1998.

_____. *Perspectives on accounting ethics*. In: KIESO, Donald E.; WEYGANDT, Jerry J. *Intermediate accounting*. 9th ed. New York: John Wiley & Sons, Inc., 200l.

SALADINO, Angélica C. dos Reis. **Um estudo sobre a imagem do contador.** 1996. Monografia (Graduação em Ciências Contábeis). Faculdade de Economia, Administração e Contabilidade da USP, São Paulo.

SAMUELS, Andrew, et. al. **Dicionário crítico de análise junguiana**. Trad. Pedro Ratis e Silva. Rio de Janeiro: Imago, 1972.

_____. **A psique plural**. Personalidade, moralidade e o pai. Trad. Rosa Maria Neves da Silva. Rio de Janeiro: Imago, 1992. Título original: *The plural psyche (personality, morality and the father)*.

SANTOS FILHO, J. C. Pesquisa quantitativa versus pesquisa qualitativa: o desafio paradigmático. In: **Pesquisa educacional:** quantidade – qualidade. São Paulo: Cortez, 1995.

SCARPIN, Maria Aparecida; SCARPIN, Jorge Eduardo; CALIJURI, Mônica Sionara S. Marketing: um instrumento para a valorização profissional. **Revista Brasileira de Contabilidade**. Ed. especial. Trabalhos técnicos premiados no XVI CBC. Goiânia, GO. Ano XXIX, nº 126, nov.-dez. 2000.

SCHMIDT, Paulo. **História do pensamento contábil**. Porto Alegre: Boockman, 2000.

SCHUTZ, Alfred. **Fenomenologia e relações sociais**. Rio de Janeiro: Zahar, 1979. Título original: *Alfred Schutz on phenomenology and social relations*.

SCHWEZ, Nicolau. Responsabilidade social: meta e desafio do profissional da contabilidade para o próximo milênio. **Revista Brasileira de Contabilidade**. Ano XXX, nº 130. Brasília: Conselho Federal de Contabilidade, jul-ago. 2001.

SHANNON, Claude E.; WEAVER, Warren. *The mathematical theory of communication*. Urbana, Illinois: University of Illinois Press, 1949.

SILVEIRA, Nise da. **Jung vida e obra**. 15. ed. São Paulo: Paz e Terra, 1996.

SILVA, F. V. Gonçalves da. **Doutrinas contabilísticas**. Lisboa: Centro Gráfico de Famalição, 1959.

SMITH, Adam. *The theory of moral sentiments*. Londres: Henry Bohn, 1853.

_____. *An inquiry into the nature and cause of the wealth of nations*. Book Three, Chapeter I, William Benton, Publisher. Encyclopedia Britannica, Inc. Chicago: 1952.

SPINK, Mary Jane. **Desvendando as teorias implícitas: uma metodologia de análise das representações sociais**. Dimensões teóricas da teoria das representações sociais, Parte 2. In. Textos em representações sociais. GUARESCHI, Pedrinho, JOVCHELOVITCH, Sandra, (Orgs). 5ed. Petrópolis: Vozes, 1999.

SPROUSE, Robert T.; MOONITZ, Maurice. *A tentative set of broad accounting principles for business enterprise*. An Accounting Research Study. New York: AICPA, n° 3, 1962.

SROUR, Robert Henry. **Ética empresarial**. Posturas responsáveis nos negócios, na política e nas relações pessoais. Rio de Janeiro: Campus, 2000.

STONER, James A. F.; FREEMAN, R. Edward. **Administração**. Trad. Alves Calado. 5ed. Rio de Janeiro: JC, 1999. Título original: *Management*.

TATIBANA, Cassia Yuri; KAETSU, Deisi Yuki. *Homepage* de Redes Neurais. Disponível em: <http://www.din.uem.br/ia/neurais>. Acesso: 2 jul. 2002.

TOFFER, Alvin. **A terceira onda**. Trad. João Távora. Rio de Janeiro: Record, 2000.

*The Washington Post Online*. "By the numbers". 12 jun. 2001, p.A25.

TRIVINOS, Augusto Nibaldo Silva. **Introdução à pesquisa em ciências sociais**. A pesquisa qualitativa em educação. São Paulo: Atlas, 1995.

**UNIVERSIDADE DE SÃO PAULO**. Sistema Integrado de Biblioteca/Centro de Computação de São Carlos. Diretrizes para apresentação de teses e dissertações à USP: documento eletrônico ou impresso. Disponível em: <http://www.teses.usp.br/info>. Acesso: 1º jun. 2002.

VAILL, P. B. **"Process Wisdom fir a New Age"**. Revision, 1984.

ZIEMER, Roberto. **Mitos organizacionais**. O poder invisível na vida das empresas. São Paulo: Atlas, 1996.

WEATHERFORD, Jack. **A história do dinheiro**. Trad. June Camargo. 2ed. São Paulo: Negócio Editora, 2000. Título original: *The history of money*.

WUNDT, W. **Elements of folk psychology**: *outlines of a psychological history of the development of mankind*. Londres: George Allen and Unwin, 1916. (German original: 1912).

# Anexos

## ANEXO 1 – CARTA-CONVITE

**CARTA-CONVITE**

Prezado participante,

Mestranda em Controladoria e Contabilidade pela Universidade de São Paulo, estou realizando nesta fase uma pesquisa sobre como a Contabilidade e o contador são percebidos pela sociedade.

Pela relevância do assunto, me sentiria muito honrada em tê-lo como participante do grupo de trabalho, sob a técnica *Focus Group*, que será aplicada no dia ___/___ de ___, às ___:___, na sala ___ do Instituto Lumen de Pesquisa – FUMARC – PUC MINAS, à rua Espírito Santo, nº 1.059, 11º andar, na cidade de Belo Horizonte/MG.

Solicito a confirmação de sua presença, via e-mail e/ou telefone, e antecipadamente agradeço a valiosa contribuição que estará prestando a este estudo.

Atenciosamente,
Guadalupe Machado Dias

## ANEXO 2 - QUESTÕES ABORDADAS NA PESQUISA EXPLORATÓRIA

### ROTEIRO DE ENTREVISTA

1- Quando você ouve a palavra Contabilidade, o que você imagina?

2- E quando você ouve a palavra contador?

3- Na sua opinião, qual é a principal função da Contabilidade para a sociedade?

4- A responsabilidade social da Contabilidade, para você, se refere a:

5- Em relação à Medicina e ao Direito, você acredita que a Contabilidade:

6- O que é mais exato na Contabilidade?

7- O que é mais abstrato na Contabilidade?

8- Na sua opinião, os profissionais da Contabilidade, quando estão atuando:

9- Na sua opinião, a sociedade percebe o profissional da Contabilidade como:

10- Para você, qual é a qualidade mais forte do contador?

11- Qual é a principal deficiência do contador?

12- O que é mais fácil no exercício da Contabilidade?

13- O que é mais difícil no exercício da Contabilidade?

# ANEXO 3 - ROTEIRO PARA CONDUÇÃO DO *FOCUS GROUP*

ROTEIRO *FOCUS GROUP* (Grupo de Discussão)

## 1 Aquecimento

. Apresentação da técnica

. Apresentação do objetivo do trabalho

. Apresentação dos participantes (breve descrição da trajetória profissional)

1- Quando eu falo assim, "isto não é uma Brastemp", qual a referência que vocês fazem?

## 2 Impressões gerais

2- Quando eu falo em Contabilidade, qual a primeira palavra que lhe vem à mente? O que vocês acham que a maioria das pessoas pensa sobre a Contabilidade?

3- E quando eu falo em contador? Qual a imagem mais comum do contador no mercado?

## 3 Papel/atuação do contador/Contabilidade

4- O que faz a Contabilidade? E o contador?

5- O que é um bom contador?

6- O que e um contador ruim?

7- Qual o sentido da ética na Contabilidade?

8- Em termos de prestígio ocupacional, qual a nota vocês dariam para a Contabilidade? E para o contador?

9- Se vocês comparassem o contador e/ou a Contabilidade a um animal, qual seria? Por quê?

## ANEXO 4 – RELATÓRIO DE OBSERVAÇÃO DA PSICÓLOGA.

### RELATÓRIO DE OBSERVAÇÃO

Relatora: Cláudia Natividade Felipe – CRP 04/9219 Minas Gerais
Interessada: Guadalupe Machado Dias
Assunto: Observação psicológica do *Focus Group*

**Introdução:**

A candidata ao título de Mestre em Contabilidade, acima citada, me procurou com o pedido de observação do grupo de discussão (*Focus Group*[1]), composto com a finalidade de coletar dados para sua pesquisa. A coleta de dados se deu em local especificamente designado para a observação de grupos; os participantes se encontraram em uma sala separada por outra com um espelho "*one way*", onde nos encontrávamos eu e Guadalupe, de onde foi possível a observação dos participantes do grupo. A pesquisa da candidata se destina à identificação das representações sociais[2] sobre o contador e a Contabilidade; os grupos de discussão são ideais, porque fornecem o contexto para observação das estratégias utilizadas por sujeitos sociais, tanto para expressar como para dar sentido a uma realidade particular. Neste sentido a preocupação com as unidades de sentido, bem como com os modos de produção de sentido, foram alvos da observação, por estarem relacionados ao problema das representações sociais. A coleta de dados se deu em quatro grupos distintos, a saber:

1) grupo de empresários – sete participantes;
2) grupo de usuários da Contabilidade – sete participantes;
3) grupo de contadores – sete participantes;
4) grupo de estudantes de Ciências Contábeis – oito participantes.

Os participantes foram coordenados por uma facilitadora, que propôs nove questões:

---

[1] Entende-se por *Focus Group* a técnica grupal que reúne pessoas com o objetivo de discutir um assunto em especial e previamente escolhido.

[2] Entende-se por representação social o conhecimento de senso comum que compõe nossos sistemas de representações, regendo nossas relações com o mundo e com os outros, e que organiza e orienta condutas e comunicações sociais.

1- Quando eu falo assim, "isto não é uma Brastemp", qual a referência que vocês fazem?
2- Quando eu falo em Contabilidade, qual a primeira palavra que lhe vem à mente? O que vocês acham que a maioria das pessoas pensa sobre a Contabilidade?
3- E quando eu falo em contador, qual a imagem mais comum do contador no mercado?
4- O que faz a Contabilidade? E o contador?
5- O que é um bom contador?
6- O que é um mau contador?
7- Qual o sentido da ética na Contabilidade?
8- Em termos de prestígio ocupacional, qual a nota vocês dariam para a Contabilidade? E para o contador?
9- Se vocês comparassem o contador e/ou a Contabilidade a um animal, qual seria? Por quê?

A duração de cada grupo foi de aproximadamente 90 minutos.

## Grupo 1 – Empresários

O grupo se mostrou motivado e animado. Foram veiculadas representações positivas e negativas do contador e da Contabilidade, compondo uma crítica geral ao tema, a dizer: "burocrática", "se não fosse obrigatória...", "dá segurança". Foi discutida a figura do bom contador – "óleo dentro da engrenagem, lubrificante das relações"; e do mal contador – "golpeiro, o que faz mutreta sem que apareça", e foi destacado que o contador deveria ocupar uma parte gerencial e buscar uma imagem mais positiva diante do público. As perguntas relativas ao tema "honestidade" e "ética" geraram inquietação e angústia no grupo, com múltiplas expressões: risos, silêncios, surpresa. Os participantes se mostraram à vontade para demonstrar sua opinião e debateram em alto nível, ou seja, sem desgaste emocional alto e respeitando as opiniões presentes. Com relação à pergunta sobre qual animal poderia representar o contador e a Contabilidade, surgiram representações sociais distintas umas das outras e de certa forma contraditórias: "águia, boa visão"; "peixe no aquário, não consigo entender por que age daquela forma..., uma linguagem que ninguém entende...".

## Grupo 2 – Usuários da Contabilidade

O grupo se mostrou motivado e participativo. Foi o grupo que mostrou uma crítica de maneira mais explícita ao contador e à Contabilidade, expressa por palavras como "contador enrolado", "Contabilidade, encheção de saco", "trabalho chato", "não são éticos", "dois mais dois é igual a quanto você quer que seja", "trabalho que ninguém quer fazer". Tais críticas, em geral, assumiram conteúdos negativos, e o grupo também serviu para uma espécie de depósito de frustrações para os participantes. Foi muito veiculada a imagem que se espera de um bom contador, como "tem que influenciar o cliente", "sair de uma posição de isolamento", "entender o negócio do cliente", "gestor de informações", deixando transparecer que o contador e a Contabilidade poderiam ampliar suas funções e atuar mais dentro das empresas nas quais trabalham. Com relação à pergunta sobre qual animal poderia representar o contador e a Contabilidade, pudemos verificar que novamente houve representações diferentes até mesmo quando se falava de um mesmo animal, "coruja – dorme no ponto"; "coruja – atenta", o que mostrou que a realidade desta profissão ainda é muito desconhecida. Ao final os participantes avaliaram de forma positiva o encontro.

## Grupo 3 – Profissionais da Contabilidade

O grupo se apresentou motivado e participativo. Em alguns momentos tomou um tom queixoso a respeito da maneira como a sociedade em geral os vê: "contador resolve qualquer tipo de problema" ou "tudo que é chato entrega-se para o contador". Vinculou-se muito a imagem do contador a um "depositário" e à "profissão ampla" que é; "na verdade, não é aproveitada em todo o seu potencial, [é] algo muito mal utilizado". Quando foi feita a pergunta sobre a ética da Contabilidade houve silêncio total dos participantes, e a facilitadora inverveio com a pergunta – "Difícil?", o que fez o grupo inicialmente rir, demonstrando uma clara surpresa com relação à pergunta para só depois respondê-la, demonstrando vários dilemas na junção da execução de suas funções e na prática para atender a seus clientes. Contudo, foi dito: "eu já vi contador assinar relatório com ressalva". Sobre a imagem do contador e da Contabilidade e do animal que poderia representá-los foram ressaltadas imagens mais positivas: "leão – garra"; "galo de briga – lutador" (todos gostaram desta imagem, apoiando o interlocutor). Ao final todos demonstraram satisfação por estar participando da coleta de dados da pesquisa.

### Grupo 4 – Estudantes de Contabilidade

O grupo se mostrou motivado e foi debatida de forma inflamada a formação do contador e do técnico de Contabilidade, bem como as oportunidades de ambos no mercado de trabalho e o prestígio e/ou desprestígio de cada um. Contudo, o debate transcorreu de forma equilibrada, sem criar um atrito frontal entre os participantes. Foi ressaltado que a imagem mais comum da Contabilidade e do contador é negativa: "imposto de renda, muitas pessoas só vêem o contador assim". O comentário que gerou maior polêmica foi o relativo à formação do contador e do técnico de Contabilidade e das atribuições de cada um. Foi possível detectar nesse momento o maior nível de estresse do grupo. Não houve consenso em relação ao assunto. Foram vários relatos pessoais de como eles receberam críticas por causa da escolha do curso, porque socialmente o prestígio do contador não é bem visto, "e todo mundo perguntava: por que você não faz Direito?" Ao final a avaliação do grupo foi positiva com relação à dinâmica.

### Conclusão:

Em geral os grupos funcionaram de forma equilibrada. Os participantes estavam motivados, compareceram na hora marcada e se mostraram à vontade para responder as perguntas propostas. Demonstraram um baixo nível de estresse e um alto nível de descontração, o que permitiu a livre expressão de opiniões e valores sobre o tema proposto em um debate ajustado das partes envolvidas. Em alguns momentos os participantes dos grupos se mostraram angustiados, diante de algumas perguntas, especialmente as relativas à ética do contador e da Contabilidade, demonstrando que esta questão tem forte conteúdo emocional. O trabalho que o contador executa foi representado na maioria das vezes como burocrático e enfadonho, visão articulada com a imagem do contador mágico, misterioso, burocrata, enrolado. Com relação às imagens do bom e do mau contador, os grupos debateram sobre a necessidade de o profissional atuar de forma inovadora com seus clientes, ocupando uma posição gerencial mais eficaz. Na avaliação final de cada grupo os participantes demonstraram uma atitude positiva em relação à experiência vivida, relatando ter sido construtiva e de grande valia para eles.

Belo Horizonte, 19 de fevereiro de 2003.

Cláudia Natividade Felipe
CRP 04/9219 Minas Gerais

A presente edição foi composta pela Editora C/Arte em tipologia Dante MT 10,5, Rotis Sans Serif 7,5/11,5 e impressa pela Rona Editora em sistema *offset*, papel *Offset* 90g (miolo) e cartão supremo 250g (capa) com plastificação fosca.